国家骨干高等职业院校建设单位系列丛书

专业建设标准

电厂热能动力装置专业

主　编　朱　飙　王向阳

副主编　朱　志　许戈平　俞　民

参　编　黄蔚雯　周柏松　马　宏

张燕侠　何　鹏　李　铭

李　腾　赵世明　余长军

魏佳佳　曾　娜　曾国兵

徐靖勇　刘　聪

合肥工业大学出版社

图书在版编目(CIP)数据

专业建设标准·电厂热能动力装置专业/朱飙，王向阳主编.—合肥：合肥工业大学出版社，2013.7

ISBN 978-7-5650-1431-4

Ⅰ.①专… Ⅱ.①朱…②王… Ⅲ.①高等职业教育—火电厂—热能—动力装置—学科建设—标准 Ⅳ.①G718.5

中国版本图书馆 CIP 数据核字（2013）第 165660 号

专业建设标准
电厂热能动力装置专业

朱 飙 王向阳 主编　　　　责任编辑 马成勋

出 版	合肥工业大学出版社	版 次	2013 年 7 月第 1 版
地 址	合肥市屯溪路 193 号	印 次	2013 年 7 月第 1 次印刷
邮 编	230009	开 本	710 毫米×1010 毫米 1/16
电 话	总 编 室：0551-62903038	印 张	13.75
	市场营销部：0551-62903198	字 数	240 千字
网 址	www.hfutpress.com.cn	印 刷	合肥学苑印务有限公司
E-mail	hfutpress@163.com	发 行	全国新华书店

ISBN 978-7-5650-1431-4　　　　定价：25.00 元

序言

安徽电气工程职业技术学院（以下简称学院）是电力企业举办的电力类高职院校，承担着为电力行业企业培养高技能人才，为地域电力产业发展提供服务的重要职能。因此，学院必须紧跟行业企业技术进步、管理进步，必须引进电力行业企业的技术标准、管理标准、工作标准，必须将行业企业标准进专业、进课程、进教材、进课堂、进实训，实现高职专业标准与行业企业标准的对接，来培养能够适应行业企业发展需要的高技能人才。

教育部《关于推进中等和高等职业教育协调发展的指导意见》提出职业教育的“五个对接”，这为职业教育改革、创新、发展指明了方向。近年来，学院深入研究“五个对接”的内涵，系统分析专业建设、课程建设、师资队伍建设、实训基地建设、办学模式、培养模式、教学模式、评价模式等关键要素，以对接行业企业工作标准、管理标准、技术标准为切入点，构建了专业标准，确定了课程标准，设计了实训标准，完善了职业鉴定取证标准等。

学院2010年被教育部、财政部批准为“国家示范（骨干）高职院校建设单位”，重点建设的专业有“发电厂及电力系统”、“电厂热能动力装置”、“电气自动化技术”。2012年中央财政支持建设的专业有“供用电技术”、“生产过程自动化技术”。学院率先在这五个专业的建设中，将专业课程标准与行业企业标准进行对接。为此，企业专家与学院教师共同选编了这五个专业的《电力行业典型工作标准管理标准技术标准》。在此基础上，形成了这五个专业的《专业建设标准》。

现按照“发电厂及电力系统”、“供用电技术”、“电厂热能动力装置”、“电气自动化技术”、“生产过程自动化技术”五个专业，《专业建设标准》分为五册。每册分为五章：一、专业教学标准；二、专业课程标准；三、实训室建设标准；四、职业资格取证标准；五、专业人才培养方案。五册的编写体例统一，但内容特色各异。然而，都体现了专业建设标准与与行业企业标准的“对接”的指导思想，同时，也都体现了各专业教学与人才培养的各自特点。

引进行业企业工作标准、管理标准、技术标准，以此为参照来编制学院专业建设标准，来推进学院专业标准与行业企业标准的有效对接，这对于我们来说是一项全新的探索性的工作，存在不足乃至错误之处在所难免。我们期望得到帮助指导，乐于接受批评意见。

2013 年 5 月 18 日

目　录

第一篇　电厂热能动力装置专业教学标准 …………………………………… (1)

一　电厂热能动力装置专业教学标准 …………………………………… (1)

第二篇　电厂热能动力装置专业课程标准 ……………………………… (18)

一　锅炉设备课程标准 ……………………………………………………… (18)

二　锅炉运行课程标准 ……………………………………………………… (28)

三　汽轮机设备课程标准 …………………………………………………… (39)

四　汽轮机运行课程标准 …………………………………………………… (50)

五　电厂热力系统及辅助设备课程标准 ………………………………… (62)

六　热力设备检修工艺课程标准 ………………………………………… (73)

七　专业认识实习实训课程标准 ………………………………………… (82)

八　专业顶岗实习课程标准 ……………………………………………… (87)

第三篇　电厂热能动力装置专业实训室建设标准 …………………… (94)

一　火电仿真实训基地建设标准 ………………………………………… (94)

二　阀门检修实训室建设标准 ………………………………………… (103)

第四篇　电厂热能动力装置专业岗位职业资格取证标准 ………… (106)

一　电厂集控值班员职业资格取证标准 ……………………………… (106)

二　锅炉运行值班员职业资格取证标准 ……………………………………（126）

三　汽轮机运行值班员职业资格取证标准 …………………………………（142）

四　水泵检修工职业资格取证标准 ……………………………………………（158）

五　管阀检修工职业资格取证标准 ……………………………………………（172）

第五篇　电厂热能动力装置专业培养方案 ……………………………………（188）

后记 ……………………………………………………………………………………（211）

第一篇　电厂热能动力装置专业教学标准

一　电厂热能动力装置专业标准

编制人：王向阳　米　志　黄蔚雯

修订人：王向阳

审定人：朱　飙　俞　民　孙雪松

本标准制定依据：

依托深厚的行业背景与深具特色的专业发展历史，结合本专业国家与行业专业技术标准、工作标准与管理标准，深入分析高等职业教育（专科）电厂热能动力装置专业所面向的岗位职业综合素质与技能需求，以社会对专业岗位高技能人才需求为基本立足点，以培养具有良好专业综合素质、追求技术创新的高技能专业岗位人才为目标。

1　专业类型与教育层次

专业名称　电厂热能动力装置

专业代码　550303

1.1　专业类型及设置依据

本专业属于高等职业教育中的材料与能源领域的电力技术大类。本专业设置的基本依据为：专业设置和人才培养规格应适应我国火电厂电力生产、建设发展对于具有一定专业知识的高技能生产运行、安装、检修维护和生产过程管理人才的需求。依据社会调查和区域经济发展的专业人才的社会需要，依托深厚的行业背景与深具特色的专业发展历史，在学校现有的办学基础上充分论证电厂热能动力装置专业的必要性和可行性。有毕业生就业岗位分析论证报告。

专业设置符合规模效益和布局合理的原则，针对本地区域建设能源输出大省的经济发展需求，积多年专业建设经验和独具本专业办学特色的教学理念。专业建设指导思想明确，有切实可行的专业建设规划和实施办法。有完备的申报和审批手续。

1.2 教育层次

本专业培养高等职业教育(专科)人才。

2 招生对象与修业年限

2.1 招生对象

本专业招收对象应为历届普通高中毕业生、应为历届中职毕业生和具有高中阶段学历其他人员。

2.2 修业年限

本专业的修业年限在校学习三年,修业期限五年。

2.3 毕业标准

毕业标准:

学分标准:毕业前应修满135学分;

双证标准:(1)中级锅炉运行值班员;

(2)中级汽轮机运行值班员;

(3)中级水泵检修工;

(4)中级钳工证书。

(以上职业资格与证书由本专业学生根据个人能力与岗位职业技能需求自行选择参加)

3 培养目标与从业面向

3.1 培养目标

本专业培养思想道德素质高,拥护党的基本路线,具有火电厂发电生产运行、安装建设和检修维护工程领域基本专业应用知识,具备基本生产工作技能并通过行业相关专业技能岗位中级工技能鉴定,能直接服务于发电运行生产过程、电力设备安装建设和生产设备检修维护一线生产过程岗位工作需求,德、智、体、美全面发展,具有综合岗位职业能力的高素质技能型人才。并具有良好的综合运用专业知识和专业技能解决实际生产运行、安装、检修维护问题的基本素质与能力,具有技术革新、生产技能创新意识和不断学习提升个人专业技能与知识水平意识,具有良好的职业道德和诚信敬业精神。毕业生主要能从事火电厂发电运行生产、火电厂设备系统的安装、火电厂生产设备系统调试和检修、维护生产岗位工作,也能从事火电厂系统设备安装工程监理、施工工作过程组织与管理、安装与检修工作过程规划等岗位工作。

3.2 人才规格与关键能力

3.2.1 人才基本规格

一、专业能力目标

(1)火电厂发电生产运行过程基本设备运行操控与常见典型运行事故判断和处理能力;

(2)火电厂热力设备系统安装基本技能,制定基本安装工作流程、金属材料检验认定、安装施工工程概预算和施工过程组织管理的能力;

(3)火电厂热力设备系统基本运行试验、调试技能、综合处理基本试验数据信息能力;

(4)火电厂热力设备巡检,基本设备事故判断与检修维护处理能力;

(5)火电厂化学水处理生产过程基本运行操控和燃运集控运行操控、生产流程管理能力。

二、专业综合素质与技能

(1)具有满足本专业就业面向专业岗位群和未来提升发展专业岗位群应具备的专业应用知识和必需的自然科学基础知识,具有良好开阔的人文和社会科学基础认知,具备以唯物辩证法思想方法为指导的工程应用基本方法论;

(2)满足本专业就业和未来提升发展岗位群需要的英语应用与计算机应用知识;

(3)了解火电厂热力设备目前发展状况和未来发展方向与主要技术应用特点和基本问题认知,火电厂基本安全生产知识;

(4)掌握本专业就业面向岗位群所必需的专业应用知识基础和基本生产岗位技能;

(5)掌握火电厂发电生产运行过程的基本工作规范,生产工作流程与基本操作技能,典型运行事故判断与基本运行事故处理技能;

(6)掌握火电厂热力设备安装、检修基本工程、工艺规范,安装、检修工作流程知识与基本安装、检修生产操作技能;

(7)掌握火电厂热力设备系统运行试验、调试基本规范与工作流程知识与相关基本操作技能;

(8)掌握火电厂化学水处理生产过程知识与运行基本操作技能,燃运集控生产流程与燃料管理与生产运行基本工作技能;

(9)掌握火电厂热力设备生产运行巡检基本工作规范,设备事故处理与检修工作规范与流程,典型事故基本检修操作技能;

(10)掌握火电厂热力设备基本金属材料知识,焊接与起重基本生产规范和基本操作流程和操作技能;

(11)掌握火电厂热力设备安装,检修工程规划、安装施工工程概预算和施工过程组织管理的基本知识与实践能力。

三、职业综合素质

政治素质:能坚持正确的政治方向,具有远大的理想和社会主义的荣辱观,爱祖国;

身体素质:身体健康;

职业道德:具有诚信品质、爱岗敬业、忠于职守,遵纪守法,具有团队协作精神;

文化素质:具有良好广泛的人文和社会科学知识兴趣,谦虚谨慎;

心理素质:有较强的自信心、积极的进取心,有坚韧不拔的精神和抗挫折能力。

3.2.2 职业关键能力

(1)火电厂热力设备系统运行,监控和基本操控能力;

(2)火电厂热力设备系统运行常见典型生产过程事故分析、处理能力;

(3)火电厂热力设备系统基本设备安装、检修工作进程的组织、工艺要求与安装规范的协调处理能力;

(4)火电厂热力设备巡检工作流程,事故判断与设备抢修维护综合协调能力;

(5)火电厂发电设备系统运行协调控制与综合分析能力。

3.3 从业面向

本专业面向火电厂发电设备系统运行,设备安装和检修工作过程中的相关工作岗位,培养生产运行、热力设备安装建设和管理、热力设备检修生产一线的高素质技能型人才,毕业生主要能从事火电厂发电设备系统运行,热力设备系统安装和管理,火电厂热力设备巡检与设备维护,设备检修安装施工组织与管理及火电厂热力设备系统运行试验、调试工作。据此进行专业定位,专业定位见表1。

表1 电厂热能动力装置专业定位

服务面向	火电厂发电设备系统运行、安装和检修
就业企业去向	火力发电厂、热力发电公司、火电建设安装公司、火电设备检修安装公司、生物质发电公司、城市供热企业、电力设计院、电力科学研究院、运捡工程公司
就业初始岗位群	初次就业岗位:运行巡检员、燃运集控运行维护值班员、化学水处理运行值班员、热力设备巡检员、设备安装工、设备检修工、工程绘图员、热力试验员助理、设备安装预算员、监理员。

（续表）

服务面向	火电厂发电设备系统运行、安装和检修
岗位证书	运行中级工（锅炉、汽轮机和集控运行）、检修中级工（水泵检修，锅炉汽轮机设备检修）、中级钳工、预算员等职业资格技能证书
预定提升发展岗位群	运行副控、运行主控、运行单元长、工程项目负责人、工程项目经理、工程设计助理、热力试验员、现场监理工程师代表、安装检修班组技术员、运行专工、检修专工、生产运行值长

4　课程体系与核心课程

4.1　课程体系与结构

4.1.1　课程体系构建思路

（1）通过对火电厂及相关热电生产企业、火电建设安装企业、火电运捡企业等发电生产行业内高技能型人才岗位的调查和行业内高技能型人才需求和发展预期资料分析，确定以火电厂热力设备系统运行，监控和基本操控能力，火电厂热力设备系统运行常见典型事故分析、处理能力，火电厂热力设备系统基本设备安装、检修工作进程的组织、工艺要求与安装规范的协调处理能力，火电厂热力设备巡检工作流程，事故判断与设备抢修维护综合协调能力，火电厂发电设备系统运行协调控制与综合分析能力为本专业的专业综合职业能力即专业核心能力。

（2）根据综合职业能力，结合专业调查资料，确定火电厂热力设备系统安装过程金属材料检验认定、安装施工工程概预算和施工过程组织管理的能力，火电厂热力设备系统基本运行试验、调试技能、综合分析处理锅炉燃烧过程和水循环基本试验数据信息能力，火电厂化学水处理生产过程基本运行操控和燃运集控运行、检修操控、生产流程管理能力，安全生产常识等作为专业专项能力。

（3）根据专业岗位职业核心能力和专项能力知识与技能的培养要求，由学校牵头企业参与，社会综合反馈信息考量认定，依据有关行业生产过程规范与标准，岗位职业资格认证与技能需求标准，规划专业课程体系，选取相关课程内容，立足于本专业入学学生学习能力分析结合就业岗位群职业知识与技能需求分析，在此基础上规划重构本专业课程体系。

（4）技能培养和综合专业实践能力教学过程作为本专业教学的重要核心环节，纳入课程体系的整体规划设计中，岗位职业基本应用知识基础建立与实训、实习过程中的技能培养密切关联变抽象概念为具体安全、经济生产过程控制维护的岗位技能体现，实践类课时占总教学时间的50%以上；行业、企业参与教学方案设计。顶岗实习时间不少于半年。

4.1.2 课程设置与结构

针对本专业毕业生的就业岗位(群),分析对应的工作领域(业务范围)对于专业岗位职业技能的需求,通过对基本工作领域对应的基本工作任务和工作过程进行分析,得出毕业生应具备的岗位职业能力形成的知识基础与技能培训基础。按照职业能力形成的逻辑关系,从简单到复杂、从专项到综合,确定主干课程体系。

电厂热能动力装置专业课程类型由公共课程、专业基本应用知识与技能课程、专业核心技能课程、职业拓展专项技能课程四部分组成。

4.1.3 学分与学时分配

各类课程的学分与学时数见表2。

表2 各类课程学分与学时数的分配比例

课程类别		学时（随堂实践学时）	学分	比例(%)
公共课程	毛泽东思想和中国特色社会主义理论体系概论、思想道德修养与法律基础、形势与政策、英语、工科数学应用基础、工科计算机应用基础、体育与健康等	496～554 (150)	31～35	21.58%～22.52%
专业基本应用知识与技能课程	工程识图基础、工程CAD、工程力学、流体力学泵与风机、热工应用基础、火电厂金属材料知识与应用、应用电工学基础、热工过程控制与自动化、专业认知实训、电焊与钳工实训	574～622 (140～160)	35～38	24.98%～25.28%
专业核心技能课程	锅炉设备与运行、汽轮机设备与运行、火电厂热力系统与辅助设备、热工仪表信号检测与处理、热力设备检修工艺、集控运行综合实训、生产技能实训、毕业综合实训	928～952 (544)	51～53	40.38%～38.70%
职业拓展专项技能课程	入学教育与军训国防教育、就业指导、大学生礼仪等、化学水处理设备与运行、脱硫设备与运行、燃运集控运行、起重技术,热力设备安装检修概预算、火电厂安全生产常识、新能源技术应用	300～332	18～20	13.06%～13.50%
合计		2298～2460	135～146	100%

4.1.4　主要实践环节安排

实践教学周数分别见表 3。

表 3　实践教学环节安排表

实践环节类别		周数
军训及入学教育		2
专项实训	零部件测绘实训、AutoCAD 机械绘图、专业认知实习、应用电工操作、水泵检修实训、水泵性能试验、锅炉运行实训与技能鉴定、汽轮机运行实训与技能鉴定、热力系统与辅助设备运行实训实训、电焊与钳工技能实训、集控运行综合实训	16
综合实训	毕业综合实训、技能鉴定、顶岗实习	21
顶岗实习总结毕业鉴定		1
合　计		40

4.2　专业核心课程

本专业设置《锅炉设备与运行》、《汽轮机设备与运行》、《电厂热力系统与辅助设备》、《热工仪表信号检测与处理》、《热力设备检修工艺》等 5 门专业核心课程。

《锅炉设备与运行》讲授内容包括燃料的性质和制粉系统主要设备，锅炉的汽水系统及主要设备，锅炉的效能指标，受热面安装工艺和检修、维护方法与工作流程及规范等。利用热力发电设备仿真系统，熟悉火力发电厂生产运行工作过程，熟悉火电厂 300MW、600MW 仿真发电机组的操控界面，了解锅炉点火启动、运行参数监控、调整操作方法，锅炉常见典型事故的判别与正确的处理方法。通过一周的锅炉运行的专项技能训练，参加中级职业技能资格鉴定

《汽轮机设备与运行》讲授内容包括汽轮机系统的工作原理；多级汽轮机安全经济性分析；汽轮机的调节，汽轮机的本体结构及调节系统的组成与结构等方面的知识等。利用热力设备仿真系统，熟悉火力发电厂生产过程中汽轮机的基本作用与运行工作特性，熟悉火电厂 300MW、600MW 仿真发电机组的操控界面，了解汽轮机系统暖机、冲转、并网等运行监控与调整操作方法，汽轮机常见典型事故的判别与正确的处理方法，通过一周的汽轮机运行的专项技能训练，参加中级职业技能资格鉴定。

《电厂热力系统与辅助设备》讲授内容包括火力发电厂实际热力发电循环系统的组成、连接方式和基本运行知识，热力系统辅助设备的基本结构、工作特性和运行知识，火力发电厂的运行经济性计算及分析。

通过利用火电厂热力发电仿真系统和相关系统课件与模型构建贴近实际工作情境的学习环境，使学生熟悉开式循环水和闭式循环水系统、汽水系统、DEH 功能、FSSS 功能等等，熟悉热力设备的连接和热力系统工作流程

《热工仪表信号检测与处理》介绍温度、压力、水位及锅炉炉烟成分的测量方法及相关测量仪表，巡回检测装置基本原理和技术性能。主要学习信号采集与处理的方法。

热工数控系统知识与应用。了解现代热力系统控制的基本原理和系统设备结构、工作特性与系统架构特点。问题与热控系统维护，介绍自动控制系统的组成、特点、工作原理，单元机组蒸气温度、汽包水位控制系统、燃烧过程控制系统以及协调控制系统的作用和组成、原理及实例分析

《热力设备检修工艺》热力设备检修过程中的拆卸、修理、装配量，重点突出各类设备在检修时的共性工艺，转动设备的安装工艺、管阀检修工艺和弯管工艺等。通过水泵拆装实训，使学生熟悉水泵的结构及功能，掌握水泵检修的基本技能，了解检修基本过程，熟悉检修工具使用，能承担水泵的检修任务，达到职业技能标准中级水泵检修工水平。通过管道、阀门检修实现，学生应熟悉管道、阀门的结构及功能，掌握管阀检修的基本技能。了解检修基本过程，熟悉检修工具使用，能承担管阀的检修任务，达到职业技能标准中级管阀检修工水平。

4.3 职业证书

表 4 鉴定工种与相关知识要求

鉴定工种	理论课科目	实训环节	时间安排
中级锅炉运行值班员	热工应用基础 锅炉设备与运行 电厂热力设备与辅助设备	锅炉仿真运行实训 专业认知实训 集控运行综合实训	第 5 学期鉴定 操作考核项目： 锅炉仿真运行操作
中级汽轮机运行值班员	热工应用基础 汽轮机设备与运行 电厂热力设备与辅助设备	汽轮机仿真运行实训 专业认知实训 集控运行综合实训	第 5 学期鉴定 操作考核项目： 汽轮机仿真运行操作
中级水泵检修工	工程识图及应用 流体力学泵与风机 热力设备检修工艺	水泵拆装综合实训 管阀拆装综合实训 专业焊接与钳工实训	第 5 学期鉴定 操作考核项目： 水泵及管阀拆装与基本检修技能测试
中级钳工职业资格	工程识图及应用 电厂金属材料及应用 零件测绘	零部件测绘实训 专业钳工实训 工程识图及 CAD	第 3 学期鉴定 操作考核项目： 中级钳工技能测试

5　专业教学团队与实训、实习及专业实验条件

5.1　专任教师

专业带头人两人，副教授以上，具有企业工作经历和工作业绩，其中一人为来自企业的专家担任，具有高级工程师以上职称；专业课程必须由具有实践经验和通过实际工程技能培训的教师担任主讲，其中骨干教师不应少于专业核心课程和核心技能实训课程担任主讲教师的人数；主要专业实训、实习及相关实践课应由具有实践经验和具有现场生产工作经历的专业技术人员担任；基础课按国家高职教育有关标准执行。专业带头人应具有技师级岗位职业资格资质，专业授课教师应具备高级岗位职业资格资质。

【专业带头人】

除满足本专业专任教师应具备的基本条件外，应具有5～8年以上累计企业工作经历和工作业绩背景，能把握行业专业技术与岗位技能发展主要基本方向，对本专业具有一定水平的综合认知和工作能力；能统筹规划和组织专业教学规划、建设，引领专业发展，能够主持专业的教改科研和产品研发，社会技术服务工作。

【专任教师】

(1)具有良好的职业素养、职业道德及现代的职教理念，具有可持续发展的能力；

(2)具有扎实的专业认知和一定的专业岗位职业技能；

(3)能够完成专业课程内的相关实验实训开展；

(4)能够指导本专业学生完成符合专业教学标准要求的岗位实训报告和毕业综合实训报告；

(5)能够为企业工程技术人员开展技术培训与技术交流；

(6)专任骨干教师要具有在企业生产一线从事本专业生产过程相关技术工作或培训累计5年以上的经历，具有中、高级以上的岗位职业技能资格证书(含具有中、高技术职称或中、高级技工证书)；

(7)专任骨干教师应接受过职业教育教学方法论的培训，具有开发有关专业课程的能力，能够指导新教师完成岗位职业技能培训指导工作；

(8)专任青年教师要具备在企业培训或实习累计一年以上的工作经历，并通过教师岗前培训和教师资格认证。

5.2　兼职教师

兼职教师应具有丰富的现场工作经验与阅历，在专业技术方面有较高造诣

或在技能方面有突出特长;具备高职教学的基本素质和职业技能课程的教学能力。建立专业兼职教师信息库,专兼教师比例达到1:1以上,形成一支高水平"双师结构"的专兼结合专业教学团队。

【兼职教师】

包括课程任课教师和顶岗实习指导教师。聘请具有工程师、技师职称以上的专业技术人员或在行业内具有很高知名度的专家与技术能手。在企业内从事专业技术工作连续工作5年以上,在专业技术与技能方面具有较高水平,具有良好语言表达能力,并通过必要的教师培训,可以承担专业课程的教学和指导工作,也可承担专业实训教学或顶岗实习指导教师工作。并做好相关兼职教师的教师职业能力的培养与组织参加有关培训。

5.3 校内实训基地

为满足电厂热能动力装置专业相关职业关键能力的培养需求,就本专业的就业岗位群分布与特点,专业职业资格认证的需要。在校内重点建设专业检修安装实训中心、专业仿真运行实训中心、专业设备结构认知实训中心和专业基本技能培训实训中心。这将是保证学生在专业学习和技能培养过程中获得完整的教育与技能培养,同时还能为企业和社会提供必要的岗位技能培训基地,并以此更好地促进专业实训室的建设,使之更为贴近实际专业岗位技能培养需求。校内专业实训基地见表5。

表5 电厂热能动力装置专业校内实训基地

基地名称		功能	
		教学功能	服务功能
专业检修、安装实训中心	锅炉检修实训室	锅炉用管钢材材质及结构尺寸识别,锅炉钢管切割与做坡口实训,锅炉弯管实训	中级锅炉检修工职业资格技能鉴定
	管阀拆装检修实训室	热力设备常见管阀结构与工作特性识别,常见管阀拆装实训,常见管阀检修技能实训	中级锅炉检修工职业资格技能鉴定 中级水泵管阀检修工职业资格技能鉴定

（续表）

基地名称		功能	
		教学功能	服务功能
专业检修、安装实训中心	水泵拆装检修实训室	火电厂常见泵与风机结构与工作特性识别，常见水泵拆装实训，常见水泵检修技能实训	中级水泵检修工职业资格技能鉴定
	水泵动、静平衡实训室	水泵转子动、静平衡试验方法与工作流程，水泵转子动、静平衡实训	中级水泵检修工职业资格技能鉴定
	金属材料及分析实训室	火电厂热力设备常见钢材材质识别，钢材材质检验方法与实验分析	中级锅炉检修工职业资格技能鉴定 中级水泵管阀检修工职业资格技能鉴定
专业仿真运行实训中心	1000MW 超超临界火力发电仿真系统实训室	1000MW 超超临界发电机组仿真运行系统构成与工作特点，发电机组相关系统的启、停操作，常见典型运行事故判断与控制处理，系统运行的监控与调节	中级锅炉运行值班员工职业资格技能鉴定 中级汽轮机运行值班员职业资格技能鉴定企业运行人员培训
	600MW 超临界火力发电仿真系统实训室	600MW 超临界发电机组仿真运行系统构成与工作特点，发电机组相关系统的启、停操作，常见典型运行事故判断与控制处理，系统运行的监控与调节	中级锅炉运行值班员工职业资格技能鉴定 中级汽轮机运行值班员职业资格技能鉴定企业运行人员培训
	300MW 超高压火力发电仿真系统实训室	300MW 超高压发电机组仿真运行系统构成与工作特点，发电机组相关系统的启、停操作，常见典型运行事故判断与控制处理，系统运行的监控与调节	中级锅炉运行值班员工职业资格技能鉴定 中级汽轮机运行值班员职业资格技能鉴定企业运行人员培训

（续表）

基地名称		功能	
		教学功能	服务功能
专业仿真运行实训中心	生物质发电仿真系统实训室	燃用生物质锅炉发电机组仿真运行系统构成与工作特点，发电机组相关系统的启、停操作，常见典型运行事故判断与控制处理，系统运行的监控与调节	中级锅炉运行值班员工职业资格技能鉴定 中级汽轮机运行值班员职业资格技能鉴定企业运行人员培训
	火电厂脱硫、脱硝仿真运行实训室	火电厂锅炉发电机组脱硫、脱硝烟气净化处理仿真运行系统构成与工作特点，发电机组脱硫、脱硝系统的启、停操作，常见典型运行维护与事故判断、控制处理，系统运行的监控与调节	中级锅炉运行值班员工职业资格技能鉴定 企业运行人员培训
专业设备结构认知实训中心	锅炉辅机设备结构实训室	锅炉常见辅机设备结构与工作特性识别，常见辅机设备拆装工作流程与技能实训	专业认知与基本岗位工作技能培养
	汽轮机设备结构实训室	汽轮机设备系统结构与工作特性识别，汽轮机常见主要部件结构特性	专业认知与基本岗位工作技能培养
	热工实验室	比热容测定实验，物体黑度测定实验，水循环受热流动实验，流体传热实验	专业认知与基本岗位工作技能培养
	流体力学泵与风机实验室	水泵性能曲线测量实验：流量与杨程、流量与功率、流量与效率。	专业认知与基本岗位工作技能培养
	热控仪表实验室	常见热工参数温度、压力、流量、液位的测量方法及仪表结构、工作特性； 常用传感器及显示仪表（模拟式和数字式）的基本结构及测量应用实验	专业认知与基本岗位工作技能培养

（续表）

<table>
<tr><th colspan="2" rowspan="2">基地名称</th><th colspan="2">功能</th></tr>
<tr><th>教学功能</th><th>服务功能</th></tr>
<tr><td rowspan="3">专业基本技能培训实训中心</td><td>钳工、金工实训室</td><td>基本金工工艺讲授和实习，使学生初步掌握锉削、锯割、钻孔、攻丝等基本钳工知识、掌握金工常用工具、量具的名称规格和使用维护方法，学会画线、锉削、锯割、钻孔、攻丝等基本钳工操作</td><td>专业基本技能培养</td></tr>
<tr><td>起重实训室</td><td>设备起重吊装的基本工作流程认知，起重吊装过程的基本技能培养，安全起重吊装认知</td><td>专业基本技能培养</td></tr>
<tr><td>机械测绘实训室</td><td>常见基本设备零件的测绘方法与技能培训</td><td>专业基本技能培养</td></tr>
</table>

可结合实际专业发展方向，对有关实训室建设进行必要的选择与侧重。在仿真实训室建设中，结合目前国家火电发展规划应以 600MW 超临界发电机组为基本建设对象。

5.4 校外实习基地

建立具有典型火电厂实际工作情境的校外实训基地与厂中校。为更好地促进专业岗位职业技能培养与专业综合自主学习能力的培养，必须为学生营建一个紧密贴合生产实际的工作能力培养训练环境，与企业合作共同搭建校外实训基地与厂中校是重要的发展方向。

为使学生对专业有一个全面、真实和具体形象的认知和专业培养教学过程的有效开展与企业共同构建专业认知实训基地；结合专业检修、安装技能培养需求与企业共同营建校外检修实训基地；为更好地开展学生在实际生产环境的适应能力和专业岗位技能培养与企业结合共同建设厂中校检修实训基地、厂中校仿真运行实训基地、厂中校生物质仿真运行实训基地。

6 教学组织实施与课程考核

6.1 专业教学组织模式

教、学、做合一的“项目课程”教学模式和以实际岗位需求基本技能培养为课程教学规划单元,围绕岗位基本技能培养和岗位基本素养培养利用有利于教学过程简单实用为宗旨的多形式的教学方法与手段。

6.2 专业课程教学模式构建

(1)以岗位基本技能培养和岗位基本专业素养养成递进积累关联对专业课程进行原有课程体系的重新规划,设计有利于教学过程开展的课程教学单元,教学单元内容应以某一单一典型岗位基本技能培养和专业基本素养养成进行规划。

(2)教学过程可通过多种教学形式,利用多种形式构建学生的岗位技能与专业素养架构,并有利于学生的学习吸收;

(3)利用校内实训平台进行敢为基本技能训练与培养,通过校外专业实训平台,使学生更好地贴近实际岗位工作情境,在实际岗位工作情境中进行必要的历练和专业综合能力的养成;

(4)利用专职教师培养学生的专业知识与素养的逻辑关联与利用专业知识在实际工程中的应用范例开启学生知识的综合应用能力,利用来自于实际工作岗位的兼职教师帮助学生建立对生产过程的基本技能培训与应用的能力培养、岗位职责与责任心的建立,安全生产意识;

(5)利用多种形式从多个侧面对学生进行专业学习与技能培养考评;

(6)相关专业课程间应建立有机的关联与互为映照,当学习完成时能够帮助学生建立构建形成一个有机的满足专业岗位需求的知识与技能的开放能力应用体系。

6.3 专业课程教学方法

以岗位基本工作过程项目及基本工作技能需求为引导,以提高专业素养和岗位技能培养为目的任务驱动,通过实际工作过程生产案例分析,建立贴近于实际生产过程工作情境的教学氛围,通过多种教学形式的开展以完成学生的基本专业素养和基本岗位专业技能的建立。

6.4 专业知识素养养成考核

建立以岗位专业能力考核为主,校内考核与企业结合共同考核、常规考核与技能测试并行的多形式、多角度的考核体系。

6.5 专业岗位技能与实践能力考核

采取灵活多样的考核形式,在设计考核方式时,专业素养与岗位技能需求相结合,考核方式由平时专业素养考核与专业技能考核结合必要的笔试书面考核与技能操作,最后综合评定。

以典型岗位典型工作任务完成为考核依据,采取灵活多样的考核形式,并制定具体的成绩评定办法。在设置考核形式时，理论与实践结合，有以考核岗位专业技能为主的实训工作任务操作考核，也有以测试专业认知素养与综合应用知识水平能力的岗位认知考核。各考核方式分项分值见表6：

表6 各考评形式分项分值

考核方式	过程考评（实训项目考评）		笔试考核
	平时认知素养与综合应用知识能力考核	岗位技能与工作任务操作实训考核	
各考核方式分项满分	10分	50	40
考评实施	由指导教师根据学生表现集中考评	由主要指导老师结合学生完成的实训任务进行考评	按照教考分离原则，由学院集中组织安排考试

6.6 专业技能鉴定

技能鉴定是对从事某一职业所必备的学识、技术和能力的基本要求的职业资格的鉴定，第五学期对学生进行通用工种和五大员的技能鉴定，学生根据自己的兴趣、能力选择一项资格，参加考试，考试合格，颁发职业资格证书，学生具备“双证”就业。

6.7 职业资格证书

电厂热能动力装置专业毕业生至少应获取一种对就业岗位有实际帮助的国家职业资格证书，如：中级锅炉运行值班员、中级汽轮机运行值班员、中级水泵管阀检修工、钳工技能资格等。本专业的毕业生获得“双证书”的人数应达到80%以上。

6.8 毕业与就业

学生在理论考核和实践考核中成绩达到教学管理要求准予毕业，力争就业率在95%之上。

7 教学保障与技术规范

7.1 专业教学管理

(1)具有完整的专业人才培养方案、并能依据企业的岗位人才的特殊需求构建专业课程实施方案；

(2)具有完整的专业实验、实习和实训基地规划和明确的专业素养和技能培养目标，完整地相关实验、实习、实训计划和实训标准；

(3)具有完整的专业课程培养计划、课程标准及教学组织实施方案；

(4)具有本专业教师管理制度与教师素养提高与专业职位进升制度；

(5)具有完善的教学运行过程管理制度；

(6)具有教学督导及教学质量评价制度；

(7)具有学生顶岗实习、实训管理制度；

(8)具有学生成绩考核管理制度。

7.2 学生教育管理

(1)具有学生日常行为规范管理制度；

(2)具有学生学籍管理制度；

(3)具有学生教学活动考勤制度；

(4)具有学生素质教育与社会活动管理制度；

(5)具有辅导员工作制度。

7.3 专业技术规范(专业面向岗位的技术规范与行业标准)

7.3.1 国家电力法律法规

(1)中华人民共和国国务院令 115 号《电网调度管理条例》；

(2)中华人民共和国国务院令 239 号《电力设施保护条例》；

(3)中华人民共和国国务院令 352 号《使用有毒物品作业场所劳动保护条例》；

(4)中华人民共和国国务院令 373 号《特种设备安全监督条例》；

(5)中华人民共和国国务院令 493 号《生产安全事故报告和调查处理条例》；

(6)中华人民共和国国务院令 591 号《危险化学物品安全管理条例》；

(7)中华人民共和国国务院令 599 号《电力安全事故应急处置和调查处理条例》。

7.3.2 行业规范

(1)国家电力监管委员会令 2 号《电力安全生产监管办法》；

(2)国家电力监管委员会令 5 号《电力二次系统安全防护规定》；

(3)国家电力监管委员会令 22 号《电网运行规则(试行)》；

(4)国家电力监管委员会令 24 号《电力可靠性监管管理办法》；

(5)电监市场[2006]42 号《发电厂并网运行管理规定》；

(6)电监安全[2009]61 号《电力企业应急预案管理办法》；

(7)国电发[1999]579 号《汽轮发电机运行规程》；

(8)国家质量监督局技监局锅发[1999]202 号《锅炉定期检测规则》；

(9)电安全[1994]227 号《电业安全工作规程(热力和机械部分)》。

7.3.3 发电企业安全生产与技术标准

(1)DL435—1991《火电厂煤粉锅炉燃烧室防爆规程》;

(2)DL438—1991《火力发电厂金属技术监管规程》;

(3)DL612—1996《电力工业锅炉压力容器监督规程》;

(4)DL5000—2000《火力发电厂设计技术规程》;

(6)DL/T596—1996《电力设备预防性试验规程》;

(6)DL/T616—2006《火力发电厂汽水管道与支吊架维修调整导则》;

(7)DL/T711—1999《汽轮机调节控制系统试验导则》;

(8)DL/T748—2001《火力发电厂锅炉机组检修导则》;

(9)DL/T970—2005《大型汽轮发电机组非正常和特殊运行及检修导则》;

(10)DL/T1123—2009《火力发电企业生产安全设施配置》。

7.4 教学资源建设(专业教学资源库、课程教材、实训指导书、顶岗实习教学平台,数字图书馆。)

(1)专业图书与技术资料

图书和期刊总数(包括与本专业有关的图书资料)达到教育部有关规定的要求;各种技术标准、规范、手册及参考书齐全,满足教学需要。

(2)电子阅览

购置与本专业有关的电子读物(图书和电子期刊等),以利于查阅资料和信息交流。备有相应的专业教学录像片、光盘、多媒体课件等。

(3)教材

选用优秀新版高职高专教材和基于工作过程项目导向的校本教材,校企合作编写基于工作任务的相关实验、实习和实训指导书。

(4)具有专业教学资源库

(5)具有专业核心课程网络精品课程平台

第二篇 电厂热能动力装置专业课程标准

一 锅炉设备课程标准

适用专业:电厂热能动力装置专业
课程类型:专业核心课
修课方式:必修课
教学时数:64 学时
课程学分:4 学分
编 制 人:王向阳,黄薇雯,刘聪
修 订 人:王向阳
审 定 人:王向阳,俞 民
制定时间:2012.8(修订时间:2013.5.8)

制定依据

本课程标准是依据电厂热能动力装置专业的岗位人才培养目标和专业人才培养方案,结合电厂热能动力装置专业的课程体系建设,深入分析社会对专业岗位的需求状况、以学生岗位职业综合素质与岗位技能发展为目标,以本专业学生就业调查和职业能力需求分析为依据,并参考火电厂热能动力装置方面的技术标准、工作标准与管理标准,结合锅炉相关职业岗位能力、相关工种职业技能鉴定规范以及大型火力电厂相应岗位的工作状况而制定的。

第一部分 前言

1 课程定位

1.1 社会需求

火力发电厂是技术密集型企业,设备价值高,生产流程复杂,管理严谨规范的企业，无论生产运行，设备巡检，正常维护和大修、小修，都受国家严格的技术标准，工作标准和管理标准规范控制。专业工种有严格的职业准入制度，有较高的专业门槛。

电厂热能动力装置专业作为一个电力应用类专业，其用人的需求与电力行业的发展有着密不可分的关系，掌握锅炉设备的结构及安装与检修技能，已成为在电力行业岗位工作的人员不可缺少的职业能力。

1.2 职业岗位分析

电厂热能动力装置专业职业岗位及岗位能力分析

职业岗位	所具有的岗位能力
锅炉运行值班员	①熟悉锅炉设备系统结构、组成、流程及其运行调节； ②熟悉热力设备各种故障状态的判断与处理； ③熟悉各种工况下锅炉及其辅机的启停操作； ④会办理各类工作票和填写操作票
锅炉设备检修工	①熟悉锅炉本体设备、制粉系统和输煤系统的结构、常见故障及运行要求； ②熟悉发电厂热力系统及系主要辅助设备结构、常见故障及运行要求； ③熟悉发电厂汽水系统的设备布置、流程； ④掌熟悉各种泵与风机的检修工艺； ⑤办理各类工作票和填写操作票
水泵、管阀检修工	①了解火电厂生产过程及能量转换的一般知识； ②了解火电厂主要生产设备的名称和作用； ③了解火电厂机组主要运行参数的基本内容及含义； ④掌握火力发电厂主要汽水系统的组成、布置、参数、作用及技术要求； ⑤熟悉火力发电厂各汽水系统主要辅机的规范与一般原理； ⑥掌握锅炉本体布置方式及特点； ⑦掌握锅炉本体及其辅机设备的常规检修项目和技术要求； ⑧办理各类工作票和填写操作票

（续表）

职业岗位	所具有的岗位能力
集控运行值班员	①熟悉锅炉结构特点及技术规范； ②掌握锅炉燃烧理论及燃烧过程的计算； ③掌握锅炉正、反平衡的计算方法及提高效率的途径； ④掌握辅助系统各热力设备结构、布置及启停、运行调节一般操作； ⑤熟悉机组启停过程中所有辅助设备及系统的启动顺序及操作方法； ⑥掌握发电厂锅炉经济指标的分析、计算方法； ⑧掌握锅炉及主要辅机设备运行调节知识； ⑨办理各类工作票和填写操作票

1.3 课程在专业课程体系中的作用

根据社会岗位需求和学生主要就业专业岗位群的特点，将“锅炉设备”定作为电厂热能动力装置专业专业核心课程，其先修课程为《机械设计与制作》、《电厂金属材料的应用分析》、《热工理论及应用》、《流体力学泵与风机》，为后继专业课程《锅炉运行》（48 学时）、《集控运行》（32 学时）等课程的学习奠定理论基础和实践经验。

2 理念与思路

2.1 课程设计理念

以专业岗位职业能力培养为课程目标，以职业综合素质培养为课程核心，以当前典型锅炉系统设备为基础结合专业技术标准、工作标准和管理标准进行课程教学设计。

2.2 设计思路

着力打造以就业为导向，进一步深化校企合作，培养学生岗位能力和社会适应性；以项目教学为形式，教、学、做合一，切实提高学生的实践技能和解决实际问题的能力；以产学研结合为途径，培养学生创新能力和可持续发展能力；不断创新教学方法和手段，融职业能力培养和职业综合素质教育为一体的工学结合的理论实践一体化课程，致力于培养锅炉生产岗位的一线高技能人才。

3 课程标准制订的依据和教学内容选取原则

3.1 课程标准制订的依据

本课程标准是依据电厂热能与动力装置专业的人才培养目标和培养方案，深入分析电厂热能与动力装置专业的课程体系，以社会需求为导向、以学生全面发展为目标，以本专业学生就业调查和职业能力需求分析为依据，并参考火电厂相关锅炉岗位职业能力、相关工种职业技能鉴定规范、大型火力电厂相应岗位的技术标准、工作标准和管理标准而制定的。

3.2 学习领域定位

本学习领域针对的工作任务有燃料的性质分析，制粉设备及系统、燃烧设备特性，汽水系统及其受热面，锅炉各受热面的特性和结构，自然循环、控制循环锅炉的工作原理，锅炉辅助设备及系统，以及锅炉的基本计算等。是电厂热能动力装置专业一门重要的专业课，为日后从事火力发电厂锅炉安装、检修、运行的岗位工作者提供必备的火电厂锅炉专业知识。

第二部分 课程内容标准

4 课程目标

4.1 专业岗位能力目标

(1)牢固掌握火力发电厂锅炉的各组成设备及系统；

(2)掌握燃料的性质及燃烧的分量配比；

(3)了解燃烧理论，牢固掌握燃烧设备的结构和特性；

(4)掌握制粉设备的结构及系统；

(5)掌握锅炉本体设备(水冷壁、过热器、再热器、省煤器、空气预热器)的结构及性能；

(6)了解自然循环、控制循环的工作原理；

(7)掌握蒸汽净化和水质工况；掌握锅炉输煤和除灰系统及设备；

(8)掌握脱硫脱硝和除尘设备；

(9)牢固掌握锅炉效率的计算和热效率的影响因素；

(10)掌握锅炉本体设备的检修工艺。

4.2 综合素质能力目标

(1)具备良好的职业道德修养，能遵守职业道德规范；

(2)具有自主学习新技能的能力，责任心强，能顺利、高效完成工作岗位任务；

(3)能灵活处理锅炉设备及辅机检修过程中出现的各种问题，具备协调能力与良好的心理素质；

(4)具有分析问题，解决问题的能力，善于创新和总结经验；

(5)具有独立学习、独立计划、独立工作的能力、具有职业岗位所需的合作、交流等能力。

5 学习内容与要求

5.1 学习内容

表1 《锅炉设备》学习领域的学习项目与学习任务

<table>
<tr><th colspan="2">学习项目</th><th rowspan="2">学习任务</th><th rowspan="2" colspan="2">参考学时</th></tr>
<tr><th>项目名称</th><th>项目描述</th></tr>
<tr><td rowspan="4">1 锅炉基本知识</td><td rowspan="4">弄清锅炉设备的作用、构成及工作过程，锅炉设备的分类和指标参数，国内外锅炉的发展趋势</td><td>1.1 锅炉设备的工作过程；</td><td>0.5</td><td rowspan="4">2</td></tr>
<tr><td>1.2 锅炉的分类指标及分类，</td><td>0.5</td></tr>
<tr><td>1.3 锅炉的安全和经济指标</td><td>0.5</td></tr>
<tr><td>1.4 国内外电厂锅炉的发展概况和发展趋势</td><td>0.5</td></tr>
<tr><td rowspan="4">2 燃料特性</td><td rowspan="4">以煤的特性为主，分析煤的成分及成分基准，煤的分类，煤的成分，煤灰融熔特性及结渣判别，煤的特性对锅炉燃烧及运行的影响。简单介绍燃油的特性。
掌握烟气成分分析和实验确定方法，运行中一氧化碳、过量空气系数和漏风系数的计算</td><td>2.1 煤的组成成分及其性质、煤的主要特性指标；</td><td>2</td><td rowspan="4">8</td></tr>
<tr><td>2.2 燃烧反应和空气量确定</td><td>2</td></tr>
<tr><td>2.3 烟气分析和烟气量确定</td><td>2</td></tr>
<tr><td>课题活动</td><td>2</td></tr>
<tr><td rowspan="2">3 锅炉效率及热平衡</td><td rowspan="2">锅炉热平衡方程式及其意义，锅炉的各项损失的计算和影响因素。锅炉效率的正平衡及反平衡的计算和提高锅炉效率的途径</td><td>3.1 锅炉热平衡及各项损失</td><td>3</td><td rowspan="2">5</td></tr>
<tr><td>3.2 锅炉的热平衡试验</td><td>2</td></tr>
</table>

（续表）

学习项目		学习任务	参考学时	
项目名称	项目描述			
4　煤粉制备	弄清描述煤粉的常用特性指标，三种常用磨煤机的结构及工作特点、制粉系统的组成，给粉机等其他辅助设备的结构	4.1　煤粉特性指标	1	7
		4.2　三种磨煤机的结构点	1	
		4.3　制粉系统	2	
		4.4　制粉的辅助设备	1	
		课题活动	2	
5　燃烧设备	掌握煤粉完全燃烧的条件和燃烧过程，燃烧器型式、炉膛的布置、烟风系统。 影响煤粉燃烧的着火、燃烧、燃尽三个阶段的主要因素及强化措施，煤粉燃烧器的结构、炉膛的结构、煤粉炉的结渣及影响因素	5.1　燃烧的基本原理	1	10
		5.2　煤粉燃烧器的结构	4	
		5.3　煤粉锅炉的炉膛	2	
		5.4　油燃烧器和点火装置；	1	
		课题活动	2	
6　蒸发设备	掌握自然循环锅炉的特点，蒸发设备的组成、水冷壁的结构，自然循环的常见故障，自然水循环锅炉的可靠性指标、自补偿能力，自然循环安全性分析、传热恶化分析	6.1　蒸发设备的结构	2	4
		6.2　自然循环的原理	1	
		6.3　自然循环的常见故障	1	
7　蒸汽净化设备	弄清蒸气污染的形式和危害；掌握蒸气污染的原因分析和影响因素；常采用的蒸汽净化设备提高蒸汽品质的途径；汽包内部装置	7.1　蒸气污染的形式和危害	1	6
		7.2　提高蒸汽品质的途径	1	
		7.3　典型汽包的结构	2	
		课题活动	2	

（续表）

学习项目		学习任务	参考学时	
项目名称	项目描述			
8 过热器和再热器	掌握过热器和再热器的作用；过热器和再热器的结构形式和系统；掌握过热器和再热器的热偏差产生原因、减少措施，过热器和再热器的高温积灰、高温腐蚀产生原因及减轻措施	8.1 过热器和再热器的结构形式和系统	2	6
		8.2 过热器和再热器的热偏差	1	
		8.3 过热器和再热器的高温积灰、高温腐蚀	1	
		课题活动	2	
9 省煤器和空气预热器	掌握省煤器和空气预热器的作用、结构形式，受热面的磨损、积灰、腐蚀问题	9.1 省煤器的结构	2	6
		9.2 空气预热器的结构	2	
		课题活动	2	
10 强制流动锅炉	了解超临界压力锅炉的一般特点，掌握控制循环锅炉、直流锅炉的特点和运行中的问题	10.1 控制循环锅炉	2	4
		10.2 直流锅炉	2	
11 锅炉的辅助设备	了解输煤系统的组成，卸煤设备、受卸装置、给煤设备、破碎设备、筛选设备等常见形式；SO_2、SO_3、No_x的生成与防治设备； 除尘器的作用、常见结构及性能指标；除灰系统的作用及类型，主要流程及设备	吹灰设备	1	4
		除尘设备	1	
		脱硫、脱销设备	1	
		除灰设备	1	
12 机动或测试				2
合计				64

5.2 教学建议

1. 教学内容的组织要做好和其他相关课程的衔接，明确前导课程和后续课程；

2. 通过自学、讲授、练习、讨论、课题活动相结合的方法学习效果更好；

6 学习评价建议

学生学习评价对于课程实施具有很强的导向作用。在评价的内容和形式上,应该注意以下几个方面。

(1)强调评价在促进学生发展方面的作用,不强调评价的甄别与选拔的功能。对在学习和应用上有创新的学生应予特别鼓励,全面综合评价学生能力。

(2)重视学生在活动、实验、制作、讨论等方面表现的评价,不赞成以书面考试为唯一的评价方式。

(3)倡导客观记录学生获取知识技能过程中的具体事实,不过分强调评价的标准化。关注评价的多元性,结合课堂提问、学生作业、平时测验、实验实训、技能竞赛及考试情况,综合评价学生成绩。

(4)提倡用记录卡片的形式记录学生学习的情况,提倡"课堂日志"和"现场笔记"。由教师和学生把课堂中发生的事情如实记录下来。客观描述学生在活动中的表现。通过访谈等多种途径收集学生的表现情况。

7 教学条件

7.1 师资条件

本课程的教学队伍应体现"专兼结合",企业兼职教师应占一定比例,特别在实践环节、职业技能训练环节应以企业兼职教师为主。

本课程的主讲教师要求具有副教授及以上职称,具有锅炉运行值班员(或集控值班员、锅炉本体检修工、水泵管阀检修工)技师及以上职业技能证书。

本课程的专任教师要求具有讲师及以上职称,具有锅炉运行值班员(或集控值班员、锅炉本体检修工、水泵管阀检修工)高级工及以上职业技能证书。

本课程的企业兼职教师应来自发电企业锅炉运行或检修生产现场,熟悉锅炉结构及锅炉方面的运行操作,要求有教学培训方面的经验,并具有锅炉运行值班员(或集控值班员、锅炉本体检修工、水泵管阀检修工)技师及以上职业技能证书。

7.2 教学资源

为配合本课程的教学,除教材、指导书外,还应为学生自学提供其他各类资源,如能提供丰富学习资源和实现师生互动的课程网站、课外参考书、多媒体演示资料。

重视利用网络资源和其他媒体信息。鼓励教师制作与课程配套的影像资料，开发优秀的多媒体教学课件，利用校园网建立教学案例、教学课件、参考文献、与本课程相关的科技动态、检测评价等数据库和学习讨论室，通过信息共享、交流反馈等方式，为师生提供大量的课程信息。可利用相关的网站、公共数据库和专用数据库中的教学资源来为教学服务，拓宽教师与学生的视野，体现本课程与现代科技发展的联系。

7.3 校内实训场所和设施

以工作过程为导向的课程改革必须要有强大的实训基地作支撑。该课程需有多层次、多类型的实践环境，需要有具备高质量完成实训项目所需的实训设备。

7.3.1 仿真运行实训室

以600MW超临界锅炉仿真运行系统为基本对象，在此基础上可结合实际需求搭建135MW循环流化床锅炉、300MW亚临界锅炉发电仿真机组、1000MW机组超超临界锅炉发电仿真运行系统。

7.3.2 锅炉机组多媒体课件

配备与火电厂生产过程相一致，符合锅炉生产过程基本工作情境的多媒体课件，实现对现场锅炉完整、真实的感受，提高学生对锅炉各重要设备外观与内部结构和原理的理解。

7.3.3 锅炉检修实训室

水泵检修实训室，锅炉检修实训基地，起重实训室。

7.4 校外实训基地

选择技术力量雄厚的各种典型电厂或企业，为学生专业实习等活动提供更为真实的实践场所和学习条件。

8 教材编写与使用建议

教材的编写要体现本课程的性质、价值、基本理念、课程目标以及内容标准。

在教材的使用时，由于客观条件的差异、学生现有水平的差异以及具体教学实际情况的差异教师要善于结合实际教学需要，灵活地和有创造性地使用教材，对教材的内容、编排顺序、教学方法等方面进行适当的取舍和调整，鼓励补充新知识、新技术。

·建议使用教材：

(1)《锅炉设备与运行》(“十二五”职业教育国家规划教材)王向阳 何鹏 合肥工业大学出版社 2013.5

(2)《电厂锅炉》(教育部职业教育与成人教育司推荐教材)周菊华(第二版)

中国电力出版社　2009.8

(3)《锅炉设备及运行》(教育部职业教育与成人教育司推荐教材)姜锡伦等主编　中国电力出版社　2006

·建议参考书：

《锅炉设备及系统》张永涛　南京电力高等专科学校　中国电力出版社　2000

二 锅炉运行课程标准

适用专业:电厂热能动力装置专业

课程类型:专业核心课

修课方式:必修课

教学时数:48 学时

课程学分:3 学分

编 制 人:王向阳,曾国兵

修 订 人:王向阳

审 定 人:王向阳,孙雪松

制定时间:2012.8(修订时间:2013.5.8)

制定依据

本课程标准是依据电厂热能动力装置专业的岗位人才培养目标和专业人才培养方案,结合电厂热能动力装置专业的课程体系建设,深入分析社会对专业岗位的需求状况、以学生岗位职业综合素质与岗位技能发展为目标,以本专业学生就业调查和职业能力需求分析为依据,并参考火电厂热能动力装置方面的技术标准、工作标准与管理标准,结合锅炉相关职业岗位能力、相关工种职业技能鉴定规范以及大型火力电厂相应岗位的工作状况而制定的。

第一部分 前言

1 课程定位

1.1 社会需求

火力发电厂是技术密集型企业,设备价值高,生产流程复杂,管理严谨规范的企业,无论生产运行,设备巡检,正常维护和大修、小修,都受国家严格的技术标准,工作标准和管理标准规范控制。专业工种有严格的职业准入制度,有较高的专业门槛。

电厂热能动力装置专业作为一个电力应用类专业,其用人的需求与电力行业的发展有着密不可分的关系,掌握锅炉设备系统的基本结构、工作特性及运行岗位技能,已成为在电力行业运行生产岗位工作的人员不可缺少的职业基本能力。

1.2　职业岗位分析

电厂热能动力装置专业职业岗位及岗位能力分析

职业岗位	所具有的岗位能力
锅炉汽机运行值班员	(1)熟悉锅炉设备结构及其运行调节； (2)熟悉热力设备各种故障状态的判断与处理； (3)熟悉各种工况下锅炉汽轮机及其辅机的启停操作； (4)熟悉汽轮机结构及其运行调节； (5)熟悉除氧器、加热器、凝汽器等辅助设备的操作和运行维护。 (6)会办理各类工作票和填写操作票； (7)能读懂机组联锁保护逻辑； (8)能配合试验人员进行机组的全部试验工作； (9)能进行运行日报分析比较机组经济性,对机组优化调整运行方式。 (10)掌握电力生产安全知识
集控运行值班员	掌握电力安全生产知识； 掌握电气设备、电机学、继电保护、汽轮机原理、锅炉原理等专业理论知识。 掌握主机及主要辅机的性能及工作原理； 掌握发电机自动励磁调节、一次调频原理； 掌握机组各种实验的目的、试验方法、注意事项； 熟悉热工保护、自动、机组协调控制的原理及投停方法,熟悉DCS,DEH控制系统的原理； 熟悉煤质工业分析及汽水化学监督的主要内容和含义； 熟悉机组经济运行、节能降耗的基本知识； 能够掌握机组热力系统布置形式、汽水走向;掌握电气一次系统接线方式,厂用重要负荷分配； 掌握电气倒闸操作的原则,重要辅机的启停方法及步骤,熟练地进行电气倒闸操作和热力系统操作,并填写操作票。 能熟练地进行机组各种状态下启动、停机的操作； 能配合试验人员进行机组的各种试验操作

1.3　课程在专业课程体系中的作用

《锅炉运行》是电厂热能动力装置专业的一门重要的岗位职业技能课,是

《锅炉设备》课程的延续。它为本专业学生日后从事火力发电厂锅炉运行、检修、安装岗位工作构建了必要的锅炉岗位专业运行基础知识和技能平台。

2 理念与思路

2.1 课程设计理念

以专业岗位职业能力培养为课程目标，以职业综合素质培养为课程核心，以当前典型锅炉系统设备为基础结合专业技术标准、工作标准和管理标准进行课程教学设计。

2.2 设计思路

着力打造以就业为导向，进一步深化校企合作，培养学生岗位能力和社会适应性；以项目教学为形式，教、学、做合一，切实提高学生的实践技能和解决实际问题的能力；以产学研结合为途径，培养学生创新能力和可持续发展能力；不断创新教学方法和手段，融职业能力培养和职业综合素质教育为一体的工学结合的理论实践一体化课程，致力于培养锅炉运行岗位的一线高技能人才。

3 课程标准制订的依据和教学内容选取原则

3.1 课程标准制订的依据

本课程标准是依据电厂热能与动力装置专业的人才培养目标和培养方案，深入分析电厂热能与动力装置专业的课程体系，以社会需求为导向、以学生全面发展为目标，以本专业学生就业调查和职业能力需求分析为依据，并参考火电厂相关锅炉岗位职业能力、相关工种职业技能鉴定规范、大型火力电厂相应岗位的技术标准、工作标准和管理标准而制定的。

3.2 学习领域定位

本课程主要任务使学生在已掌握和认知火力发电厂锅炉的各组成设备、系统和锅炉燃烧特性基础上，建立锅炉启停操作知识与技能，锅炉运行调节知识与技能和锅炉常见典型运行事故的处理知识与技能。通过对锅炉的启停、运行调节和常见典型运行事故的认知及在火电厂仿真系统上的操作技能培养，以帮助学生进一步深入理解锅炉系统和发电机组各系统的相互关联和工作特性，进而为学生今后的岗位工作和技能水平的提高建立良好的技能知识平台。为日后从事火力发电厂锅炉安装、检修、运行的高等职业教育学员提供必备的锅炉运行知识。

第二部分　课程内容标准

4　课程目标

4.1　专业岗位能力目标

(1)了解锅炉运行相关的锅炉汽轮机的关联方式,锅炉负荷与锅炉运行的工作要求,锅炉的不同状态启动和停运。

(2)掌握锅炉启停的一般工作过程与步骤,启停工作过程中的基本工作规范与基本操作流程;

(3)了解滑参数锅炉机组启停概念、工作特点和工作要求、工作流程;

(4)掌握锅炉上水、锅炉制粉系统和锅炉风烟系统的启、停过程的基本工作流程、工作规范和在锅炉仿真系统上的基本操控技能,理解并能掌握系统在相关过程中的设备系统安全保护,并能填写操作票。

(5)了解锅炉基本调节任务和要求;

(6)掌握锅炉的气温、气压和汽包炉的水位调节,工作流程、工作过程规范;

(7)掌握锅炉的燃烧调节与控制方法及理论;

(8)了解锅炉在启、停和运行过程中的常见典型事故。

(9)掌握锅炉在启、停和运行过程中的常见典型事故原因能正确判断、及时进行处理和调节。

(10)了解锅炉在启、停和运行过程中的常见典型事故发生时的事故处理流程和系统保护规范、流程。

4.2　综合素质能力目标

(1)具备良好的职业道德修养,能遵守职业道德规范;

(2)具有自主学习新技能的能力,责任心强,能顺利、高效完成工作岗位任务;

(3)能灵活处理锅炉设备运行过程中出现的各种问题,具备协调能力与良好的心理素质;

(4)具有分析问题,解决问题的能力,善于创新和总结经验;

(5)具有独立学习、独立计划、独立工作的能力、具有职业岗位所需的合作、交流等能力。

5 学习内容与要求

5.1 学习内容

表1 《锅炉运行》学习领域的学习项目与学习任务

学习项目			学习任务	参考学时
项目名称	子项目	项目描述		
发电厂运行人员职业道德	锅炉运行人员职业道德	通过本项目学习之后，掌握发电厂运行人员职业道德行为规范，并能自觉遵守厂规厂纪和社会公德，不断提高自身修养	1.1 工作环境讲述；电厂运行有关规定	1
			1.2 严守岗位职责，遵守纪律，安全文明	
锅炉运行基本概念	锅炉运行概念	通过本项目学习掌握锅炉运行基本概念	2.1 锅炉运行基本概念	2
	锅炉运行规程、标准	通过本项目学习后，熟练掌握电力行业标准中与锅炉运行有关的内容，结合本岗位实际认真贯彻执行	2.2 学习与锅炉运行方面的电力行业标准。	
锅炉冷态启动	锅炉启动准备	通过本项目学习之后，掌握锅炉启动前应投入的系统	3.1 工业水系统投入	2
			3.2 压缩空气系统投入	
			3.3 锅炉充水、给水系统流程、厂用电和热控系统的电源等	
	锅炉启动前的检查及系统投运	通过本项目学习后，能进行锅炉启动前各系统检查和投运操作	3.4 转动机械启动前的检查	6
			3.5 风烟系统的检查及投运	
			3.6 汽水系统的检查，掌握锅炉上水操作	
			3.7 锅炉点火前燃油系统的检查	
			3.8 制粉系统启动前的检查	

（续表）

学习项目			学习任务	参考学时
项目名称	子项目	项目描述		
锅炉冷态启动	锅炉辅机联锁试验	通过本项目学习之后，能进行辅机静(动)态联锁试验	3.9　辅机联锁静态试验	1
			3.10　辅机联锁动态试验	
	锅炉水压试验	通过本项目学习之后，能进行锅炉水压试验	3.11　锅炉水压试验程序	1
			3.12　水压试验合格标准	
	锅炉点火	通过本项目学习后，能进行燃油系统充油、油循环、吹扫、点火等操作	3.12　炉前燃油系统恢复	4
			3.13　炉膛吹扫条件和吹扫程序	
			3.14　锅炉点火	
			3.15　锅炉等离子点火	
	锅炉升温升压	通过本项目学习后，能进行锅炉滑参数启动和正常参数启动，掌握磨煤机启动、停运操作	3.16　滑参数启动	6
			3.17　正常参数启动	
			3.18　锅炉升负荷及制粉系统启动和停运	
锅炉运行调节	汽包水位调节	通过本项目学习能掌握汽包水位手动/自动调节操作，维持汽包水位在正常范围之内	4.1　汽包水位调节原理	2
			4.2　汽包水位手动/自动调节操作。	
	炉膛负压调节	通过本项目学习后，能进行炉膛负压的调节操作，维持负压在规定值范围内，保证燃烧稳定	4.3　炉膛负压调节方式	2
			4.4　不同型式风机的炉膛负压调节方法	

（续表）

学习项目			学习任务	参考学时
项目名称	子项目	项目描述		
锅炉运行调节	过、再热气温调节	通过本项目学习后，能进行锅炉启动、运行、停止、及主要事故处理过程中气温调节操作，保证机组运行稳定	4.5 过热气温调节方法	2
			4.6 再热气温调节方法	
			4.7 在各种工况下，气温调节注意事项	
	锅炉负荷调节	通过本项目学习后，能进行锅炉负荷调整操作，控制锅炉蒸汽流量，满足汽轮发电机组要求	4.8 锅炉升、降负荷时，送、引风机、制粉系统投运操作。	4
			4.9 合理调整燃烧，维持炉膛出口最佳过量空气系数。	
			4.10 调整炉膛火焰中心高度，有效防止炉膛内结焦。	
锅炉停运	锅炉正常参数停运	通过本项目学习能进行正常参数停运操作	5.1 锅炉正常参数停运操作及锅炉停炉后冷却操作。	2
	锅炉滑参数停运	通过本项目学习能进行机组滑参数停运操作	5.2 锅炉滑参数停运操作及停炉后的冷却、保养操作。	2
	锅炉故障停运	通过本项目学习能掌握锅炉紧急停炉操作，将锅炉安全停运	5.3 锅炉紧急停运条件及停炉操作。	2

（续表）

学习项目			学习任务	参考学时
项目名称	子项目	项目描述		
锅炉事故处理	锅炉承压部件泄露故障	通过本项目学习后，能进行锅炉承压部件泄露原因、分析和处理操作	6.1 锅炉水冷壁、省煤器、过热器、再热器管道爆破泄露现象、原因分析和处理。	2
	锅炉燃烧故障	通过本项目学习后，能进行燃烧系统故障分析和处理操作	6.2 锅炉灭火、尾部烟道再燃烧现象、原因和处理。以及过热气温过高和过低故障分析和处理。	2
	制粉系统故障	通过本项目学习，能进行制粉系统故障原因分析和处理操作	6.3 制粉系统的故障原因、现象和处理操作。	2
	转动机械设备故障分析和处理	通过本项目学习后，能进行引风机、送风机、一次风机故障原因分析和处理操作	6.4 单台送风机、一次风机、引风机故障停运现象、原因、及处理操作。	2
发电厂经济指标分析	发电厂经济指标分析	通过本项目学习后，能根据发电厂经济性指标改进运行操作，提高发电厂经济型	7.1 发电厂运行小指标及耗差分析，改进运行意见	1
合计				48

5.2 教学建议

(1)教学内容的组织要做好和其他相关课程的衔接，明确前导课程和后续课程；

(2)通过自学、讲授、练习、讨论相结合的方法学习效果更好。

6 学习评价建议

学生学习评价对于课程实施具有很强的导向作用。在评价的内容和形式上，应该注意以下几个方面。

(1)强调评价在促进学生发展方面的作用，不强调评价的甄别与选拔的功能。对在学习和应用上有创新的学生应予特别鼓励，全面综合评价学生能力。

(2)重视学生在活动、实验、制作、讨论等方面表现的评价，不赞成以书面考试为唯一的评价方式。

(3)倡导客观记录学生获取知识技能过程中的具体事实，不过分强调评价的标准化。关注评价的多元性，结合课堂提问、学生作业、平时测验、实验实训、技能竞赛及考试情况，综合评价学生成绩。

(4)提倡用记录卡片的形式记录学生学习的情况，提倡“课堂日志”和“现场笔记”。由教师和学生把课堂中发生的事情如实记录下来。客观描述学生在活动中的表现。通过访谈等多种途径收集学生的表现情况。

7 教学条件

7.1 师资条件

本课程的教学队伍应体现“专兼结合”，企业兼职教师应占一定比例，特别在实践环节、职业技能训练环节应以企业兼职教师为主。

本课程的教学队伍应体现“专兼结合”，企业兼职教师应占一定比例，特别在实践环节、职业技能训练环节应以企业兼职教师为主。

本课程的主讲教师要求具有副教授及以上职称，具有锅炉运行值班员(或集控值班员、锅炉本体检修工)技师及以上职业技能证书。

本课程的专任教师要求具有讲师及以上职称，具有锅炉运行值班员(或集控值班员、锅炉本体检修工)高级工及以上职业技能证书。

本课程的企业兼职教师应来自发电企业锅炉运行或检修生产现场，熟悉锅炉结构及锅炉方面的运行操作，要求有教学培训方面的经验，并具有锅炉运行值班员(或集控值班员、锅炉本体检修工)技师及以上职业技能证书。

7.2 教学资源

为配合本课程的教学，除教材、指导书外，还应为学生自学提供其他各类资源，如能提供丰富学习资源和实现师生互动的课程网站、课外参考书、多媒体演示资料。

重视利用网络资源和其他媒体信息。鼓励教师制作与课程配套的影像资料，开发优秀的多媒体教学课件，利用校园网建立教学案例、教学课件、参考文献、与本课程相关的科技动态、检测评价等数据库和学习讨论室，通过信息共享、交流反馈等方式，为师生提供大量的课程信息。可利用相关的网站、公共数据库和专用数据库中的教学资源来为教学服务，拓宽教师与学生的视野，体现本课程与现代科技发展的联系。

7.3 校内实训场所和设施

建设以火电厂锅炉发电机组生产过程基本工作情境为背景的仿真实训平台，为锅炉运行岗位技能培养构建基本实训平台。

7.3.1 仿真运行实训室

以600MW超临界锅炉仿真运行系统为基本对象，在此基础上可结合实际需求搭建135MW循环流化床锅炉、300MW亚临界锅炉发电仿真机组、1000MW机组超超临界锅炉发电仿真运行系统。

7.3.2 锅炉机组多媒体课件

结合火电厂锅炉生产过程，构建符合锅炉生产运行过程基本工作情境的多媒体课件，实现对现场锅炉完整、真实的感受，提高学生对锅炉各重要设备系统、工作特性和运行工作过程的理解掌握。

7.4 校外实训基地

选择技术力量雄厚的各种典型电厂或企业，为学生专业实习等活动提供更为真实的实践场所和学习条件。

8 教材编写与使用建议

教材的编写要体现本课程的性质、价值、基本理念、课程目标以及内容标准。

在教材的使用时，由于客观条件的差异、学生现有水平的差异以及具体教学实际情况的差异教师要善于结合实际教学需要，灵活地和有创造性地使用教材，对教材的内容、编排顺序、教学方法等方面进行适当的取舍和调整，鼓励补充新知识、新技术。

・建议使用教材：

(1)《锅炉设备与运行》(“十二五”职业教育国家规划教材)王向阳 何鹏 合肥工业大学出版社 2013.5

(2)《电厂锅炉》(教育部职业教育与成人教育司推荐教材)周菊华(第二版)

中国电力出版社　2009.8

(3)《锅炉设备及运行》(教育部职业教育与成人教育司推荐教材)姜锡伦等主编　中国电力出版社　2006

·建议参考书：

《锅炉设备及系统》张永涛　南京电力高等专科学校　中国电力出版社　2000

三 汽轮机设备课程标准

适用专业:电厂热能动力装置专业

课程类别:专业核心课

修课方式:必修课

教学时数:64 学时

课程学分:4 学分

编 制 人:曾娜,马宏

修 订 人:马宏

审 定 人:王向阳,李腾

制定时间:2012.8(修订时间:2013.5.8)

1 制定依据

本课程标准是依据电厂热能动力装置专业的人才培养目标和培养方案,深入分析电厂热能动力装置专业的课程体系,以社会需求为导向、以学生全面发展为目标,以本专业学生就业调查和职业能力需求分析为依据,并参考火电厂汽轮机方面的技术标准、汽轮机方面相关职业岗位能力、相关工种职业技能鉴定规范以及大型火力电厂相应岗位的工作标准而制定的。

2 课程定位

2.1 本课程对应的典型工作任务

本课程对应的典型工作任务主要有汽轮机本体部分的结构(包括动叶、叶轮、转子、汽缸、喷嘴组、隔板、汽封、轴承、盘车装置等)、汽轮机的热膨胀与支承、汽轮机的热膨胀与滑销系统、汽轮发电机组的振动、汽轮机凝汽设备部分的结构、凝汽器循环水系统投运操作、抽真空系统投运操作。

2.2 本课程的典型工作任务在职业中的意义

通过这些典型工作任务培养学生从事火力发电厂汽轮机本体检修和运行、凝汽设备检修和运行相应岗位所需的基本理论知识,以及汽轮机本体检修、汽轮机辅机检修、汽轮机运行值班员、集控值班员等工种在汽轮机检修和运行方面的职业岗位技能,并进一步提高学生的综合职业能力。

2.3 本课程在课程体系中的地位与作用

《汽轮机设备》是电厂热能动力装置专业的一门主要职业技术课,对培养学生的职业能力具有重要的作用。其所涉及的专业理论知识面较广,知识点和技能点的联系比较紧密,需要用所学的理论知识去指导实践,并分析实际过程中出现的问题。

其前续课程有:《工程热力学》、《流体力学泵与风机》、《工程制图》、《工程力学》和《电厂热力系统及辅助设备》等,其后续课程有:《汽轮机运行》和《单元机组集控运行》等,教学中应注意循序渐进。

3 教学目标

通过本课程的学习,培养学生从事电厂汽轮机检修和运行方面相应岗位的岗位能力,培养学生对现场生产过程中实际问题的分析问题和解决问题的能力,培养学生查阅资料、看懂操作票及再学习的能力,为将来从事电厂汽轮机检修和运行方面工作打好基础。具体教学目标为:

3.1 专业能力目标

掌握汽轮机的工作原理,熟悉汽轮机结构、掌握汽轮机的支承与膨胀,熟悉轴封装置类型及其结构、掌握汽轮机热应力和热变形等知识,掌握凝汽器的工作原理,熟悉凝汽设备结构,掌握凝汽器循环水系统及抽真空系统的运行操作,能看懂循环水系统和抽真空系统投运操作的操作票。并进一步培养学生从事电厂汽轮机设备检修和运行所需的的综合职业能力。

3.2 方法能力目标

培养学生理论联系实际、从实际出发分析问题、研究问题和解决问题的能力,能将所学的理论知识和电厂实际生产过程相结合,会对汽轮机设备出现的问题进行简单的分析,培养学生再学习能力、自我控制与管理能力、做决定和计划能力、评价能力等。

3.3 社会能力目标

通过一体化教学和仿真实训操作,培养学生团队协作能力、人际交流能力、自信心、社会责任感、妥协能力、安全意识和职业道德等。

4 课程学习任务的设计

4.1 设计思路

本课程参考火电厂汽轮机安装、检修和运行方面的技术标准,从实际汽轮机检修人员岗位(汽轮机本体检修工、汽轮机辅机检修工等火电厂检修方面的工种和汽轮机辅机值班员、汽轮机运行值班员和集控值班员等火电厂运行方面的工种)职责出发,在职业工作任务分析与调研的基础上,根据职业教育的特点及基于工作过程学习领域课程的教学模式，结合其岗位上工作内容挑选典型工作任务组织课程教学内容，以汽轮机工作原理与结构为主线，以汽轮机检修以及汽轮机运行所涉及的典型的工作过程为依据，考虑到汽轮机检修和运行方面的理论和技能的紧密联系，紧紧围绕汽轮机检修和运行方面的典型工作过程来选择和组织课程教学内容，突出知识点和技能点的内在的紧密的联系。将汽轮机设备的教学内容划分为汽轮机的认知、汽轮机的本体结构、汽轮机的支承膨胀与振动问题、汽轮机的凝汽设备及运行等四篇，每篇设置若干学习任务，学习任务分为教学项目和学习情境两种，教学项目主要完成基本理论、基本概念的引入和学习，并为情境教学做好准备工作。而学习情境则是针对汽轮机运行和检修方面典型的工作过程，将原来理论教学部分内容和原来实训部分教学内容有机地融合在一起，将知识点得传授和技能点的培训很好的融合到情境教学中，进一步提高学生的综合职业能力，从而促进学生在本职业领域内的职业生涯发展。

教学项目的教学实施主要在教室和多媒体教室中进行，而学习情境的教学实施则应在汽轮机结构实训室、火电机组仿真实训室或企业生产现场进行，考虑到实践操作的需要，一般应考虑 4 节课连续排课，在进行火电机组仿真实训操作时，应根据汽轮发电机组运行时实际岗位的设置，将学生分组，每组以 4～5 人为宜。每一组学生再按照电厂岗位配置和岗位职责合理地进行分工，在火电机组仿真操作过程中相互配合，共同完成机组的启停等操作。

4.2　学习任务的划分

学习任务			参考学时
序号	单元名称	单元描述	
1	概　述	(1)学习内容： ①汽轮机在电厂生产过程中所起的作用 ②汽轮机的发展历程 ③近年来汽轮机发展呈现的一些特点 ④汽轮机的主要制造企业 ⑤课程教学内容及要求 (2)学习的组织： 课堂教学，在教室和多媒体教室中利用 PPT 进行	2

（续表）

学习任务			参考学时
2	汽轮机的认知	(1)学习内容： 任务一　汽轮机热功转换过程的认知 任务二　汽轮机的类型与型号 任务三蒸汽在级中的流动过程认知 任务四　蒸汽在级内流动的损失及级效率 任务五　多级汽轮机 (2)学习的组织： 课堂教学，在教室和多媒体教室中利用PPT进行	16
3	汽轮机的本体结构	(1)学习性工作任务： 结合汽轮机本体结构虚拟装配软件进行600MW机组汽轮机本体的拆装操作，并掌握各部件结构及其装配关系。 (2)学习内容： 任务一　动叶 任务二　转子 任务三　汽缸 任务四　进汽部分、喷嘴组、隔板和静叶环 任务五　汽封装置 (3)学习的组织： 课堂教学，在教室和多媒体教室中利用汽轮机结构动画和PPT课件进行教学； 现场教学，在汽轮机结构实训室结合汽轮机设备介绍； 利用现场安装或检修录像开展教学； 利用汽轮机本体结构虚拟拆装软件进行自主互动学习	14

(续表)

学习任务			参考学时
4	汽轮机的支承、膨胀与振动问题	(1)学习性工作任务： 结合汽轮机本体结构虚拟装配软件进行600MW汽轮机支持轴承和推力轴承的拆装操作，并掌握各部件结构及其装配关系。 (2)学习内容： 任务一 轴承 任务二 汽轮机盘车 任务三 汽轮机的热膨胀与支承 任务四 汽轮机的热膨胀与滑销系统 任务五 汽轮机的热应力与热变形 任务六 汽轮发电机组的振动 (3)学习的组织： 课堂教学，在教室和多媒体教室中利用PPT进行	18
5	汽轮机的凝汽设备及运行	(1)学习性工作任务： 结合超临界600MW仿真机组进行仿真运行操作： (1)循环水系统投运操作； (2)抽真空系统投运操作。 (2)学习内容： 任务一 凝汽设备的工作原理 任务二 凝汽设备的结构组成 任务三 凝汽设备的运行 任务四 抽气设备 (3)学习的组织： 教学项目采用课堂教学，在教室和多媒体教室中利用PPT进行教学。 学习情境采用一体化情境教学，在600MW仿真机实训室进行教学做一体化教学	14
合计课时			64

4.3 教学的组织设计

<table>
<tr><td colspan="3">学习单元 1:概　述　参考学时:2 课时</td></tr>
<tr><td colspan="3">学习目标:
(1)理解汽轮机在火电厂生产过程中的地位和作用;
(2)了解汽轮机的发展历程及主要发展趋势特点;
(3)清楚本课程的指导思想及主要教学内容和教学要求</td></tr>
<tr><td colspan="2">单元</td><td rowspan="2">教学方法和条件建议</td></tr>
<tr><td>学习任务名称</td><td>任务载体</td></tr>
<tr><td>概　述</td><td>——</td><td>利用通过录像、动画、PPT 等多媒体教学工具在多媒体教室进行教学</td></tr>
</table>

<table>
<tr><td colspan="3">学习单元 2:汽轮机的认知　参考学时:16 课时</td></tr>
<tr><td colspan="3">学习目标:
(1)初步了解汽轮机的结构及其在火电厂生产过程中的作用;
(2)掌握汽轮机的基本工作原理;
(3)掌握汽轮机的分类及其型号表示方法;
(4)掌握蒸汽在级内流动过程及其能量转换过程,掌握级内损失及级效率等概念;能画出级的热力过程线;
(5)掌握蒸汽在多级汽轮机内流动过程及其能量转换过程,掌握多级汽轮机的损失、汽轮机的相对内效率等概念,能画出汽轮机的热力过程线</td></tr>
<tr><td colspan="2">单元</td><td rowspan="2">教学方法和条件建议</td></tr>
<tr><td>学习任务名称</td><td>任务载体</td></tr>
<tr><td>任务一　汽轮机热功转换过程的认知
任务二　汽轮机的类型与型号
任务三蒸汽在级中的流动过程认知
任务四级内损失及级效率
任务五　多级汽轮机</td><td>——</td><td>利用通过录像、动画、PPT 等多媒体教学工具在多媒体教室进行教学</td></tr>
</table>

<table>
<tr><td colspan="3">学习单元 3:汽轮机的本体结构　参考学时:14 课时</td></tr>
<tr><td colspan="3">学习目标:
(1)熟悉汽轮机转子结构及各部件的装配关系;
(2)熟悉汽轮机汽缸结构及各部件的装配关系;
(3)熟悉汽轮机进汽部分和喷嘴组结构以及各部件的装配关系;
(4)熟悉汽轮机汽封装置的类型和结构;</td></tr>
<tr><td colspan="2">单元</td><td rowspan="2">教学方法和条件建议</td></tr>
<tr><td>学习任务名称</td><td>任务载体</td></tr>
<tr><td>任务一　动叶
任务二　转子
任务三　汽缸
任务四　进汽部分、喷嘴组、隔板和静叶环
任务五　汽封装置</td><td>汽轮机本体结构(包括动叶、叶轮、联轴器、转子、汽缸、隔板套(静叶持环)、隔板(静叶环)、喷嘴、进汽部分、汽封装置等)</td><td>(1)利用通过录像、动画、PPT等多媒体教学工具在多媒体教室进行教学;
(2)在汽轮机本体结构实训室中进行现场教学;
(3)对于汽轮机的结构和各部件的装配关系可利用现场安装和检修录像、汽轮机三维动画课件以及 600MW 机组汽轮机本体结构虚拟装配软件进行教学。
(4)参考汽轮机安装和检修方面的技术标准
DL 5011—1992(2005)电力建设施工及验收技术规范(汽轮机机组篇)</td></tr>
</table>

<table>
<tr><td>学习单元 4:汽轮机的支承、膨胀与振动问题　参考学时:18 课时</td></tr>
<tr><td>学习目标:
(1)掌握轴承的结构组成及其工作原理;
(2)掌握盘车装置作用及其结构组成,了解盘车装置的运行操作;
(3)掌握汽轮机的支承方式及受热膨胀时对汽轮机动静间隙的影响;
(4)掌握汽轮机滑销系统的组成、如何引导汽轮机膨胀及对汽轮机动静间隙的影响;
(5)熟悉汽轮机启停时的受热情况、热应力和热变形,以及如何减少热应力和热变形;
(6)掌握汽轮发电机组的各种振动、产生原因、测量方法及如何减少振动</td></tr>
</table>

（续表）

单元 学习任务名称	任务载体	教学方法和条件建议
任务一 轴承 任务二 汽轮机盘车 任务三 汽轮机的热膨胀与支承 任务四 汽轮机的热膨胀与滑销系统 任务五 汽轮机的热应力与热变形 任务六 汽轮发电机组的振动	(1)汽轮机轴承结构； (2)汽轮机盘车装置； (3)汽轮机的支承； (4)汽轮机的滑销系统 (5)汽轮发电机组的振动大	(1)利用通过录像、动画、PPT等多媒体教学工具在多媒体教室进行教学； (2)在汽轮机本体结构实训室中进行现场教学； (3)对于汽轮机的结构、支承和滑销系统可利用现场安装和检修录像、汽轮机三维动画课件以及600MW机组汽轮机本体结构虚拟装配软件进行教学。 (4)参考汽轮机安装和检修方面的技术标准 DL 5011—1992(2005)电力建设施工及验收技术规范(汽轮机机组篇)

学习单元5:汽轮机的凝汽设备及运行　参考学时:14课时		
学习目标： (1)掌握凝汽设备的工作原理，熟悉影响凝汽器真空的因素及其对凝汽器真空的影响； (2)熟悉典型凝汽器的结构组成及各部分的作用； (3)熟悉抽气设备结构、抽空气系统组成及其工作原理； (4)掌握凝汽器变工况特性； (5)掌握日常运行时凝汽器的运行监视项目及其对凝汽器运行的影响		
单元 学习任务名称	任务载体	教学方法和条件建议

（续表）

任务一　凝汽设备的工作原理 任务二　凝汽设备的结构组成 任务三　凝汽设备的运行（学习情境） 任务四　抽气设备（学习情境）	凝汽设备的结构 ① 600MW 机组循环水系统投运； ② 600MW 机组抽真空系统投运。	(1)利用通过录像、动画、PPT等多媒体教学工具在多媒体教室进行教学； (2)对于凝汽器的结构及各部件装配关系可利用现场安装和检修录像、汽轮机三维动画课件以及 600MW 机组汽轮机本体结构虚拟装配软件进行教学。 (3)对于凝汽设备的运行可在火电机组仿真实训室中开展教学做一体化教学。 (4)参考汽轮机安装和检修方面的技术标准 ① DL/T 581—1995(2005)凝汽器胶球清洗装置和循环水二次过滤装置 ② DL/T 932—2005 凝汽器与真空系统运行维护导则 ③ DL/T 1078—2007 表面式凝汽器运行性能试验规程

5　实施建议

5.1　教学资源的开发与建议

本课程的教学实施过程中需要为学生提供以下教学资源：

(1)教学做一体化教材及与之配套的教学课件(PPT)

建议采用马宏老师主编的合肥工业大学出版社出版的《汽轮机设备及运行》教材。

(2)汽轮机课件动画(三维和二维动画)

主要用于展示和说明汽轮机复杂的结构及其工作原理

(3)现场安装和检修录像资料

(4)电力行业汽轮机检修和运行方面的技术标准

(5)汽轮机精品资源共享课程网站

有条件的的学校建议建设汽轮机课程教学网站，为学生自主学习提供学习资源，并在课程网站上设置论坛供学生之间、学生和教师在课下的交流学习，以提供来自多方面、多角度的专业信息。

5.2 课程考核建议

考核方式应多样化，既要考核学生对基本知识和基础理论的掌握程度，又要考核学生对汽轮机结构和运行操作方面技能掌握程度，对于教学项目的考核侧重于基本理论，可以采用笔试形式，主要考核学生对汽轮机基础理论知识的掌握程度，同时也考查学生独立分析问题、解决问题的能力。对于学习情境的考核，应重在考察学生的能力与素质，可采用实际操作能力评分、提问、答辩等形式。操作考核根据现场操作情况按评分标准进行评定，对于不同的学习情境有不同的考核标准，其中考核标准的制定可参考火电厂集控运行相关的技术标准及电力行业职业技能鉴定规范中有关汽轮机运行和检修方面的相关内容，操作考核以小组的形式进行，抽签决定操作项目，并结合操作回答相关的专业问题。

此外，还应根据平时作业、课堂提问、操作情况、小组讨论及发言、遵守纪律情况及实习态度等来评定学生的平时成绩。

下面是学生本课程综合成绩评定的建议表：

	平时成绩	教学项目部分成绩		操作考核总评成绩	课程总评成绩
		期中考试成绩	期末考试成绩		
比率(%)	15	20	40	25	100

5.3 师资配备建议

本课程对教师的综合能力要求较高，本课程的主讲教师和专任教师应掌握汽轮机设备及运行方面的理论知识，熟悉汽轮机结构及汽轮机方面的运行操作，除应具备扎实的理论基础以外，还应具有较强的实践操作能力及综合分析能力，能够进行汽轮机方面的理论教学和技能培训，能够组织并实施汽轮机课程一体化教学活动。该课程教学团队应建立以课程负责人为核心，专兼结合的一支知识水平高、学历高、业务强、教学经验丰富的优秀的“双师”型教师队伍。

本课程的主讲教师要求具有副教授及以上职称，具有汽轮机运行值班员(或集控值班员、汽轮机本体检修工)技师及以上职业技能证书。

本课程的专任教师要求具有讲师及以上职称，具有汽轮机运行值班员(或集控值班员、汽轮机本体检修工）高级工及以上职业技能证书。

本课程的企业兼职教师应来自发电企业汽轮机运行或检修生产现场，熟悉汽轮机结构及汽轮机方面的运行操作，要求有教学培训方面的经验，并具有汽轮机运行值班员（或集控值班员、汽轮机本体检修工）技师及以上职业技能证书。

5.4　教学条件配备建议

本课程采用一体化教学，在教学实施过程中应配备的条件建议如下：

（1）配备先进的多媒体教学设备

（2）汽轮机本体结构实训室

条件许可应建汽轮机本体结构实训室，通过具体的、实际的汽轮机（小汽轮机）来展示汽轮机内部结构，配备汽轮机安装和检修相关的工具，并营造和现场一致的生产环境。开展教学做一体化教学。没有实际设备的学校应购置亚临界 300MW、超临界 600MW 或超超临界机组 1000MW 汽轮机结构模型用于教学。

（3）火电机组仿真实训室

应提供火电厂仿真机组（注：本教材中所涉及的汽轮机运行技能操作部分参考的仿真机组仿真原型为湘潭超临界 600MW 机组，建议采用超临界 600MW 仿真机组），实训室环境应完全模拟现场集控室，在火电机组仿真实训室设计并组织实施汽轮机运行方面教学做一体化的教学活动。

（4）汽轮机本体结构虚拟装配软件

有条件的学校可以开发或购买汽轮机本体结构方面的虚拟装配软件来辅助开展教学，开发或购买的汽轮机本体结构方面的虚拟装配软件建议参照超临界 600MW 或超超临界 600MW 汽轮机结构。汽轮机本体结构虚拟装配软件应具有良好的互动性，通过汽轮机结构的虚拟装配，使学生熟悉汽轮机内部复杂结构及其装配关系，并进一步了解汽轮机安装和检修工艺工程及其技术要求。

6　其他

6.1　本标准从 2013 年起执行。

6.2　本标准允许按照不同专业具体要求做内容的选择和课时调整（浮动范围小于 10%）。

四 汽轮机运行课程标准

适用专业:电厂热能动力装置专业

课程类别:专业核心课

修课方式:必修课

教学时数:48 学时

课程学分:3 学分

编 制 人:曾娜,马宏

修 订 人:马宏

审 定 人:王向阳,李腾

制定时间:2012.8(修订时间:2013.5.8)

1 制定依据

本课程标准是依据电厂热能动力装置专业的人才培养目标和培养方案,深入分析电厂热能动力装置专业的课程体系,以社会需求为导向、以学生全面发展为目标,以本专业学生就业调查和职业能力需求分析为依据,并参考火电厂汽轮机方面的技术标准、汽轮机方面相关职业岗位能力、相关工种职业技能鉴定规范以及大型火力电厂相应岗位的工作标准而制定的。

2 课程定位

2.1 本课程对应的典型工作任务

2.1.1 汽轮机的汽水油系统

包括汽轮机轴封系统的运行操作、汽轮机 EH 油系统的运行操作、汽轮机润滑油系统的运行操作、发电机氢气冷却系统的运行操作、发电机定子冷却水系统的运行操作、发电机密封油系统的运行操作。

2.1.2 汽轮机的启动与停机

包括汽轮机冷态启动过程中冲转、升速至 3000RPM 操作;汽轮机冷态启动过程中并网、升负荷至 600MW 操作;汽轮机的滑参数停机操作;汽轮机破坏凝汽器真空的紧急故障停机操作;汽轮机不破坏凝汽器真空的一般故障停机操作。

2.1.3 汽轮机的运行维护

包括汽轮机正常运行监视与操作、正常运行中相关试验方法及试验操作:

气门严密性试验、阀门活动试验、真空严密性试验和超速试验等。

2.1.4 汽轮机典型事故

包括汽轮机水冲击事故分析判断与操作、汽轮发电机组振动过大事故分析判断与操作、凝汽器真空过低事故分析判断与操作、油系统各种故障分析判断与操作。

2.2 本课程的典型工作任务在职业中的意义

通过这些典型工作任务培养学生从事火力发电厂汽轮机检修和汽轮机运行相应岗位所需的基本理论知识,以及汽轮机运行值班员和集控值班员等工种在汽轮机运行方面的职业岗位技能,并进一步提高学生的综合职业能力。

2.3 本课程在课程体系中的地位与作用

《汽轮机运行》是电厂热能动力装置专业的一门主要职业技术课,对培养学生的职业能力具有重要的作用。其所涉及专业理论知识面较广,知识点和技能点的联系比较紧密,需要用所学的理论知识去指导实践,并分析实际过程中出现的问题。

其前续课程有:《工程热力学》、《流体力学泵与风机》、《工程制图》、《电厂热力系统及辅助设备》和《汽轮机设备》等,其后续课程有:《单元机组集控运行》和《集控运行综合实训》等课程,教学中应注意循序渐进。

3 教学目标

通过本课程的学习,培养学生从事电厂汽轮机运行方面相应岗位的岗位能力,培养学生对现场生产过程中实际问题的分析问题和解决问题的能力,培养学生查阅资料、看懂操作票及再学习的能力,为将来从事电厂汽轮机检修和运行方面工作打好基础。具体教学目标为:

3.1 专业能力目标

掌握汽轮机调节的基本工作原理,熟悉并掌握汽轮机启动的分类及各种启动方式的操作步骤及其特点;掌握汽轮机冷态滑参数启动过程中冲转、升速、并网、带负荷的运行操作及仿真机操作界面上各名词意义;熟悉并掌握汽轮机的停机分类及冷态滑参数停机的操作步骤及其特点;熟悉汽轮机正常运行维护的相关操作;掌握汽轮机的典型事故现象、分析及处理措施。能看懂汽轮机运行方面设备及各系统启停操作的操作票。并进一步培养学生从事电厂汽轮机运行所需的综合职业能力。

3.2 方法能力目标

培养学生理论联系实际、从实际出发分析问题、研究问题和解决问题的能力,能将所学的理论知识和电厂实际生产过程相结合,能对汽轮机设备出现的问题进行简单的分析,培养学生再学习能力、自我控制与管理能力、做决定和计划能力、评价能力等。

3.3 社会能力目标

通过一体化教学和仿真实训操作,培养学生团队协作能力、人际交流能力、自信心、社会责任感、妥协能力、安全意识和职业道德等。

4 课程学习任务的设计

4.1 设计思路

本课程参考火电厂汽轮机安装、检修和运行方面的技术标准,从实际汽轮机检修人员岗位(汽轮机调速系统检修工、汽轮机辅机检修工等火电厂检修方面的工种和汽轮机辅机值班员、汽轮机运行值班员和集控值班员等火电厂运行方面的工种)职责出发,在职业工作任务分析与调研的基础上,根据职业教育的特点及基于工作过程学习领域课程的教学模式,结合其岗位上工作内容挑选典型工作任务组织课程教学内容,以汽轮机调节系统工作原理与汽轮机的运行操作为主线,以汽轮机运行操作所涉及的典型的工作过程为依据,考虑到汽轮机运行方面理论和技能的紧密联系,紧紧围绕汽轮机运行方面的典型工作过程来选择和组织课程教学内容,突出知识点和技能点的内在的紧密的联系。将汽轮机运行的教学内容划分为汽轮机的调节与保护、汽轮机汽水油系统、汽轮机的启动与停机、汽轮机的运行维护及汽轮机的典型事故等五篇,每篇设置若干学习任务,学习任务分为教学项目和学习情境两种,教学项目主要完成基本理论、基本概念的引入和学习,并为情境教学做好准备工作。而学习情境则是针对汽轮机运行和检修方面典型的工作过程,将原来理论教学部分内容和原来实训部分教学内容有机的融合在一起,将知识点得传授和技能点的培训很好地融合到情境教学中,进一步提高学生的综合职业能力,从而促进学生在本职业领域内的职业生涯发展。

教学项目的教学实施主要在教室和多媒体教室中进行,而学习情境的教学实施则应在火电机组仿真实训室或企业生产现场进行,考虑到运行操作的需要,一般应考虑 4 节课连续排课,在进行火电机组仿真操作时,应根据汽轮发电机组运行时实际岗位的设置,将学生分组,每组以 4～5 人为宜。每一组学生再按照电厂岗位配置和岗位职责合理地进行分工,在火电机组仿真操作过程中相互配合,共同完成机组的启停等操作。

4.2　学习任务的划分

学习任务			参考学时
序号	单元名称	单元描述	
1	汽轮机的调节与保护	(1)学习性工作任务： (1)数字电液调节系统的控制画面 (2)汽轮机挂闸操作 2. 学习内容： 任务一　调节系统的组成及其工作原理 任务二　调节系统的特性 任务三　高中压缸进汽阀门 任务四　数字电液调节系统的组成及其工作原理 任务五　数字电液调节的液压控制系统 任务六　汽轮机的保护系统 任务七　数字电液控制系统操作画面 3. 学习的组织： 教学项目采用课堂教学，在教室和多媒体教室中利用 PPT 进行教学。 学习情境采用一体化情境教学，在 600MW 仿真机实训室进行教学做一体化教学	12
2	汽轮机汽水油系统	(1)学习性工作任务： (1)轴封系统的投运操作； (2)EH 油系统的投运操作； (3)润滑油系统的投运操作； (4)氢气冷却系统的投运操作； (5)定子冷却水系统投运操作； (6)发电机密封油系统的投运操作； 2. 学习内容： 任务一　汽轮机的轴封系统 任务二　EH 供油系统 任务三　润滑油系统 任务四　发电机氢气冷却系统 任务五　发电机定子内冷水系统 任务六　发电机密封油系统 3. 学习的组织： 一体化情境教学，在 600MW 仿真机实训室进行教学做一体化教学	12

（续表）

		学习任务	参考学时
3	汽轮机的启动与停机	(1)学习性工作任务： (1)冷态启动过程中冲转、升速至3000RPM操作 (2)冷态启动过程中并网、升负荷至600MW操作； (3)汽轮机的滑参数停机操作； (4)汽轮机破坏凝汽器真空的紧急故障停机操作； (5)汽轮机不破坏凝汽器真空一般故障停机操作； 2. 学习内容： 任务一　汽轮机启动过程及其分类 任务二　汽轮机冷态滑参数压力法启动操作 子任务一　冷态启动冲转、升速至3000RPM 子任务二　冷态启动并网后升负荷至600MW 任务三　汽轮机停机过程及其分类 子任务一　滑参数停机 子任务二　破坏凝汽器真空紧急故障停机 子任务三　不破坏凝汽器真空一般故障停机 3. 学习的组织： 一体化情境教学，在600MW仿真机实训室进行教学做一体化教学	12
4	汽轮机的运行维护	(1)学习性工作任务： (1)汽轮机正常运行监视 (对蒸汽参数(压力，温度)、真空、机组振动、胀差、轴向位移、偏心率等参数及辅助系统运行状况进行监视，对异常的参数变化能够进行分析记录，并及时加以调整。) (2)汽轮机的主要实验项目的操作 (气门严密性试验、阀门活动试验、真空严密性试验和超速试验等) 2. 学习内容： 任务一　汽轮机变工况运行分析 任务二　汽轮机进汽控制方式及其对运行的影响 任务三　运行监视与调整 任务四　汽轮机试验 3. 学习的组织： 教学项目采用课堂教学，在教室和多媒体教室中利用PPT进行教学。 学习情境采用一体化情境教学，在600MW仿真机实训室进行教学做一体化教学	6

（续表）

<table>
<tr><th colspan="3">学习任务</th><th>参考学时</th></tr>
<tr><td>5</td><td>汽轮机的典型事故</td><td>(1)学习性工作任务：
(1)汽轮机水冲击事故的分析判断及处理；
(2)汽轮发电机组振动过大事故分析判断及处理
(3)凝汽器真空过低事故的分析判断及处理；
(4)油系统各种故障的分析判断及处理。
2. 学习内容：
任务一 汽轮机水冲击
任务二 汽轮发电机组振动大
任务三 凝汽器真空低
任务四 油系统故障
3. 学习的组织：
一体化情境教学，在 600MW 仿真机实训室进行教学做一体化教学</td><td>6</td></tr>
<tr><td colspan="3">合计课时</td><td>48</td></tr>
</table>

4.3 教学的组织设计

<table>
<tr><td>学习单元 5：汽轮机的调节与保护 参考学时：12 课时</td></tr>
<tr><td>学习目标：
(1)掌握汽轮发电机组转子的力矩自平衡特性及汽轮发电机组调节的理论；
(2)掌握典型汽轮机液压调节系统的组成、调节过程及其静态特性；
(3)掌握速度变动率和迟缓率及其对机组运行的影响；
(4)清楚同步器是如何调节机组转速或功率的；
(5)清楚中间再热给机组调节带来的影响，熟悉中间再热机组调节的特点；
(6)熟悉汽轮机进汽阀门的结构；
(7)掌握 DEH 调节系统的组成、功能及其液压控制系统；
(8)掌握汽轮机危急遮断系统组成及其工作原理；
(9)熟悉数字电液控制系统的操作画面及相关操作。</td></tr>
</table>

（续表）

单元		教学方法和条件建议
学习任务名称	任务载体	
任务一　调节系统组成及其工作原理 任务二　调节系统的特性 任务三　高中压缸进汽阀门 任务四　数字电液调节系统的组成及其工作原理 任务五　数字电液调节液压控制系统 任务六　汽轮机的保护系统 任务七　数字电液控制系统操作画面	(1)汽轮机进汽阀门结构； (2)数字电液调节系统组成及其功能； (3)熟悉600MW仿真机组数字电液调节系统的控制画面； (4)汽轮机挂闸操作	(1)对于汽轮机调节系统组成及其工作原理部分内容可利用通过录像、动画、PPT等多媒体教学工具在多媒体教室进行教学； (2)对于汽轮机运行控制画面及汽轮机挂闸操作等教学，在火电机组仿真实训室中开展教学做一体化教学； (3)高中压缸进汽阀门的布置与结构可利用汽轮机三维动画课件以及600MW机组汽轮机本体结构虚拟装配软件进行教学； (4)参考汽轮机方面的技术标准 ① DL/T 824—2002 汽轮机电液调节系统性能验收导则； ② DL/T 996—2006 火力发电厂汽轮机电液控制系统技术条件

学习单元2:汽轮机汽水油系统　参考学时:10课时
学习目标: (1)熟悉超临界600MW汽轮机轴端汽封装置结构、轴封系统组成及其工作流程，能进行轴封系统的相关操作； (2)熟悉超临界600MW汽轮机EH油系统组成及其工作流程，能进行EH油系统的相关操作； (3)熟悉超临界600MW汽轮机润滑油系统组成及其工作流程，能进行润滑油系统的相关操作； (4)熟悉超临界600MW发电机氢气冷却回路结构组成及其工作流程，能进行发电机氢气冷却系统的相关操作； (5)熟悉超临界600MW发电机定子冷却水系统组成及其工作流程，能进行发电机定子冷却水系统的相关操作； (6)熟悉超临界600MW发电机密封油系统组成结构及其工作流程，能进行发电机密封油系统的相关操作

（续表）

单元		教学方法和条件建议
学习任务名称	任务载体	
任务一 汽轮机的轴封系统 任务二 EH供油系统 任务三 润滑油系统 任务四 发电机氢气冷却系统 任务五 发电机定子内冷水系统 任务六 发电机密封油系统	(1)轴封系统的投运操作； (2)EH油系统的投运操作； (3)润滑油系统的投运操作； (4)发电机氢气冷却系统的投运操作； (5)发电机定子冷却水系统投运操作； (6)发电机密封油系统的投运操作	(1)在火电机组仿真实训室中开展教学做一体化教学，教师引导，学生分组进行操作。 (2)参考汽轮机方面的技术标准 ① DL/T 651—1998(2005)氢冷发电机氢气湿度的技术要求 ② DL/T 1039—2007 发电机内冷水处理导则 ③ DL/T 609—1996（2005）300MW级汽轮机运行导则

学习单元3:汽轮机的启动与停机　参考学时:10课时		
学习目标: (1)熟悉汽轮机启动过程中热应力、热膨胀和热变形的变化及其对机组启动的影响； (2)熟悉汽轮机的各种启动方式及启动过程的主要阶段； (3)熟悉汽轮机冷态压力法滑参数启动过程中冲转参数的选择； (4)掌握600MW机组汽轮机冷态压力法滑参数启动操作及启动过程中的注意事项； (5)熟悉汽轮机的各种停机方式及停机过程的主要阶段； (6)掌握600MW机组汽轮机滑参数停机操作及停机过程中的注意事项； (7)掌握600MW机组汽轮机破坏凝汽器真空紧急故障停机操作； (8)掌握600MW机组汽轮机不破坏凝汽器真空一般故障停机操作		
单元		教学方法和条件建议
学习任务名称	任务载体	
任务一 汽轮机启动过程及其分类 任务二 汽轮机冷态滑参数压力法启动操作 子任务一 冷态启动冲转、升速至3000RPM 子任务二 冷态启动并网后升负荷至600MW 任务三 汽轮机停机过程及其分类 子任务一 滑参数停机 子任务二 破坏凝汽器真空紧急故障停机 子任务三 不破坏凝汽器真空一般故障停机	(1)冷态启动过程中冲转、升速至3000RPM操作 (2)冷态启动过程中并网、升负荷至600MW操作； (3)汽轮机的滑参数停机操作； (4)汽轮机破坏凝汽器真空的紧急故障停机操作 (5)汽轮机不破坏凝汽器真空一般故障停机操作	(1)在火电机组仿真实训室中开展教学做一体化教学，教师引导，学生分组进行操作。 (2)参考汽轮机方面的技术标准 ① DL/T 609—1996(2005)300MW级汽轮机运行导则 ② DL/T 863—2004 汽轮机启动调试导则

<table>
<tr><td colspan="3">学习单元 4:汽轮机的运行维护　参考学时:6 课时</td></tr>
<tr><td colspan="3">学习目标:
(1)掌握汽轮机流量变工况特性,能够对蒸汽流量变化引起的各级级前压力、焓降、反动度和轴向推力的变化分析;
(2)掌握汽轮机结垢引起的结构变工况特性,熟悉汽轮机通流部分结垢后各级级前压力、焓降、反动度和轴向推力变化的规律,能够利用这些规律分析判断故障原因及发生地点;
(3)掌握汽轮机喷嘴调节、节流调节和滑压调节三种进汽调节方式,熟悉不同进汽方式对汽轮机安全性和经济性影响。
(4)熟悉汽轮机的主要监视项目(参数),清楚这些项目(参数)变化对机组运行带来的影响,并能及时进行调整。
(5)熟悉汽轮机的主要试验项目,能进行主气门严密性试验、阀门活动试验、真空严密性试验和汽轮机超速保护试验等试验操作</td></tr>
<tr><td colspan="2">单元</td><td rowspan="2">教学方法和条件建议</td></tr>
<tr><td>学习任务名称</td><td>任务载体</td></tr>
<tr><td>任务一　汽轮机变工况运行分析
任务二　汽轮机进汽控制方式及其对运行的影响
任务三　运行监视与调整
任务四　汽轮机试验</td><td>(1)汽轮机正常运行监视
(2)汽轮机的主要实验项目的操作(气门严密性试验、阀门活动试验、真空严密性试验和超速试验等)</td><td>(1)对于汽轮机变工况理论部分内容可利用通过录像、动画、PPT等多媒体教学工具在多媒体教室进行教学;
(2)对于汽轮机正常运行监视及汽轮机试验,则应在火电机组仿真实训室中开展教学做一体化教学,教师引导,学生分组进行操作。
(3)参考汽轮机方面的技术标准
① DL/T 609—1996(2005)300MW 级汽轮机运行导则
② DL/T 863—2004 汽轮机启动调试导则</td></tr>
</table>

<table>
<tr><td colspan="3">学习单元 5:汽轮机的典型事故　参考学时:4 课时</td></tr>
<tr><td colspan="3">学习目标:
(1)掌握汽轮机水冲击事故的主要征象及造成汽轮机水冲击的主要原因,能对事故进行分析处理;
(2)掌握汽轮发电机组振动过大事故的主要征象及造成机组汽振动过大的主要原因,能对事故进行分析处理;
(3)掌握凝汽器真空过低事故的主要征象及造成凝汽器真空过低的主要原因,能对事故进行分析处理;
(4)掌握油系统故障的主要征象及造成油系统故障的主要原因,能对油系统各种故障进行分析处理</td></tr>
<tr><td colspan="2">单元</td><td rowspan="2">教学方法和条件建议</td></tr>
<tr><td>学习任务名称</td><td>任务载体</td></tr>
<tr><td>任务一　汽轮机水冲击
任务二　汽轮发电机组振动大
任务三　凝汽器真空低
任务四　油系统故障</td><td>(1)汽轮机水冲击事故的分析判断及处理;
(2)汽轮发电机组振动过大事故分析判断及处理
(3)凝汽器真空过低事故的分析判断及处理;
(4)油系统各种故障的分析判断及处理。</td><td>(1)在火电机组仿真实训室中开展教学做一体化教学,教师引导,学生分组进行操作。
(2)参考汽轮机方面的技术标准
① DL/T 609—1996(2005)300MW 级汽轮机运行导则
② DL/T 834—2003 火力发电厂汽轮机防进水和冷蒸汽导则
③ DL/T 932—2005 凝汽器与真空系统运行维护导则</td></tr>
</table>

5　实施建议

5.1　教学资源的开发与建议

本课程的教学实施过程中需要为学生提供以下教学资源:

(1)教学做一体化教材及与之配套的教学课件(PPT)

建议采用马宏老师主编的合肥工业大学出版社出版的《汽轮机设备及运行》教材。

(2)汽轮机课件动画(三维和二维动画)

主要用于展示和说明汽轮机复杂的结构及其工作原理

(3)现场安装和检修录像资料

(4)电力行业汽轮机检修和运行方面的技术标准

(5)汽轮机精品资源共享课程网站

有条件的的学校建议建设汽轮机课程教学网站,为学生自主学习提供学习资源,并在课程网站上设置论坛供学生之间、学生和教师在课下的交流学习,以提供来自多方面、多角度的专业信息。

5.2 课程考核建议

考核方式应多样化,既要考核学生对基本知识和基础理论的掌握程度,又要考核学生对汽轮机结构和运行操作方面技能掌握程度,对于教学项目的考核侧重于基本理论,可以采用笔试形式,主要考核学生对汽轮机基础理论知识的掌握程度,同时也考查学生独立分析问题、解决问题的能力。对于学习情境的考核,应重在考察学生的能力与素质,可采用实际操作能力评分、提问、答辩等形式。操作考核根据现场操作情况按评分标准进行评定,对于不同的学习情境有不同的考核标准,其中考核标准的制定可参考火电厂集控运行相关的技术标准及电力行业职业技能鉴定规范中有关汽轮机运行和检修方面的相关内容,操作考核以小组的形式进行,抽签决定操作项目,并结合操作回答相关的专业问题。

此外,还应根据平时作业、课堂提问、操作情况、小组讨论及发言、遵守纪律情况及实习态度等来评定学生的平时成绩。

下面是学生本课程综合成绩评定的建议表:

	平时成绩	期末考试成绩	操作考核总评成绩	课程总评成绩
比率(%)	15	35	50	100

5.3 师资配备建议

本课程对教师的综合能力要求较高,本课程的主讲教师和专任教师应掌握汽轮机设备及运行方面的理论知识,熟悉汽轮机结构及汽轮机方面的运行操作,除应具备扎实的理论基础以外,还应具有较强的实践操作能力及综合分析能力,能够进行汽轮机方面的理论教学和技能培训,能够组织并实施汽轮机课程一体化教学活动。该课程教学团队应建立以课程负责人为核心,专兼结合的一支知识水平高、学历高、业务强、教学经验丰富的优秀的“双师”型教师队伍。

本课程的主讲教师要求具有副教授及以上职称,具有汽轮机运行值班员(或集控值班员、汽轮机调速系统检修工)技师及以上职业技能证书。

本课程的专任教师要求具有讲师及以上职称，具有汽轮机运行值班员（或集控值班员、汽轮机调速系统检修工）高级工及以上职业技能证书。

本课程的企业兼职教师应来自发电企业汽轮机运行或检修生产现场，熟悉汽轮机结构及汽轮机方面的运行操作，要求有教学培训方面的经验，并具有汽轮机运行值班员（或集控值班员、汽轮机调速系统检修工）技师及以上职业技能证书。

5.4　教学条件配备建议

本课程采用一体化教学，在教学实施过程中应配备的条件建议如下：

（1）配备先进的多媒体教学设备

（2）汽轮机本体结构实训室

条件许可应建汽轮机本体结构实训室，通过具体的、实际的汽轮机（小汽轮机）来展示汽轮机内部结构，配备汽轮机安装和检修相关的工具，并营造和现场一致的生产环境。开展教学做一体化教学。没有实际设备的学校应购置亚临界 300MW、超临界 600MW 或超超临界 1000MW 汽轮机结构模型用于教学。

（3）火电机组仿真实训室

应提供火电厂仿真机组（注：本教材中所涉及的汽轮机运行技能操作部分参考的仿真机组仿真原型为湘潭超临界 600MW 机组，建议教学采用超临界 600MW 仿真机组），实训室环境应完全模拟现场集控室，在火电机组仿真实训室设计并组织实施汽轮机运行方面教学做一体化的教学活动。

（4）汽轮机本体结构虚拟装配软件

有条件的学校可以开发或购买汽轮机本体结构方面的虚拟装配软件来辅助开展教学，开发或购买的汽轮机本体结构方面的虚拟装配软件建议参照超临界 600MW 或超超临界 600MW 汽轮机结构。汽轮机本体结构虚拟装配软件应具有良好的互动性，通过汽轮机结构的虚拟装配，使学生熟悉汽轮机内部复杂结构及其装配关系，并进一步了解汽轮机安装和检修工艺工程及其技术要求。

6　其他

6.1　本标准从 2013 年起执行。

6.2　本标准允许按照不同专业具体要求做内容的选择和课时调整（浮动范围小于 10%）。

五　电厂热力系统及辅助设备课程标准

适用专业:电厂热能动力装置专业

课程类别:专业核心课程

修课方式:必修课

教学时数:80 学时

课程学分:5 学分

编 制 人:张燕侠,王华,朱志

修 订 人:张燕侠

审 定 人:王向阳,付义卫

制定时间:2012 年 5 月 08 日

1　制定依据

依据电厂热能动力装置培养目标和培养案,分析电厂热能动力装置专业的课程体系,以社会需求为导向、以学生全面发展为目标,以电厂热能动力装置专业就业调查和职业能力需求分析为依据。

2　课程定位

2.1　本课程相应的岗位职业典型工作任务及岗位职业中的地位

本课程相应的职业典型工作任务主要包括电厂主要热力辅助设备(回热加热器、除氧器)构造、工作原理、运行与检修维护,电厂主要热力系统的连接方式及其运行与检修维护,发电厂管道和附件的运行维护,火电厂主要热经济指标及其计算等。职业中的意义是重点培养学生从事汽轮机检修和运行所需的基本理论知识,以及汽轮机检修和汽轮机运行相应岗位的岗位技能,并进一步提高学生的综合职业能力。

2.2　典型工作任务

掌握电厂主要热力辅助设备构造、工作原理、运行与维护知识和电厂主要热力系统的连接方式及其运行与检修维护的基础上,安排了针对电厂热力辅助设备和电厂主要热力系统运行的典型工作过程的学习情境,从而锻炼学生岗位技能,达到提高学生职业能力的目的。

2.3　课程体系中地位与作用

《电厂热力系统及辅助设备》是电厂热能动力装置专业的职业技术领域一

门必修课，教学内容涉及《机械制图》、《AutoCAD机械绘图》、《热工理论和应用》、《流体力学 泵与风机》、《锅炉设备》、《汽轮机设备》和《电厂金属材料的应用分析》等课程，教学中注意循序渐进。

3 教学目标

通过本课程的学习，注重培养学生从事电厂热力辅助设备运行和检修相应岗位的岗位能力，培养学生对现场生产过程中的实际问题的分析问题和解决问题的能力，培养学生查阅资料、制定工作票（操作票）及再学习的能力，为将来从事电厂辅助设备方面的运行、安装和检修等工作的隐性能力和经验，为达到这些要求，具体的显性目标为：

3.1 专业能力目标

掌握电厂主要热力辅助设备的构造、工作原理以及热力系统的连接方式及基本运行知识；掌握评价发电厂的热经济性的方法和火电厂主要热经济指标及其计算，并进一步培养学生从事电厂热力辅助设备运行和检修岗位所需的专业技能。

3.2 方法能力目标

培养学生再学习能力、自我控制与管理能力、做决定和计划能力、评价能力等。

3.3 社会能力目标

培养学生团队协作能力、人际交流能力、自信心、社会责任感、妥协能力、安全意识和职业道德等。

4 课程学习情境（单元）设计

4.1 设计思路

在职业工作任务分析与调研的基础上，分析清楚课程对应职业典型工作任务的“工作对象”、“工具”、“工作方法”、“劳动组织”和“对工作的要求”等“工作内容”，梳理工作过程知识，结合学习目标确定学习内容：

4.1.1 职业技能思路

掌握电厂辅助设备的结构、工作原理及运行维护的基本知识及其启动、停运、正常运行维护和事故处理操作步骤及相应的要求；掌握电厂主要热力系统的连接方式及其运行与维护知识，熟悉各典型热力系统在仿真机操作界面上连接和流程，及其启动、停运、正常运行维护和事故处理操作的步骤及相应的要求。

4.1.2 职业素质思路

具有良好的职业道德；能自主学习新知识和新技术；具有团队合作能力；能过吃苦耐劳等。

4.1.3 职业拓展思路

能将所学的理论知识和电厂实际生产过程相结合，能对电厂主要热力电厂辅助设备出现的事故进行简单的分析和处理，能对运行中典型参数的变化进行分析和解释，能独立制定现场生产过程中简单的工作票(操作票)。

4.2 学习情境(单元)划分

学习项目			参考学时
序号	任务名称	任务描述	40 学时
1	回热加热器检修步骤和工艺	(1)回热加热器的结构； (2)回热加热器原理； (3)回热加热器检修步骤和工艺	6 学时
2	除氧器检修步骤和工艺	(1)除氧器的结构； (2)除氧器原理； (3)除氧器检修步骤和工艺	6 学时
3	回热加热器投运	(1)回热加热器的类型； (2)表面式回热加热器的疏水方式及其热经济性； (3)蒸汽冷却器及其热经济性； (4)高、低回热加热器和轴封加热器结构； (5)回热加热器的疏水装置； (6)高压加热器水侧自动保护装置； (7)回热抽汽系统； (8)回热加热器疏水放气系统； (9)主凝结水系统； (10)加热器的启停、正常运行监视和常见事故处理	6 学时
4	回热加热器疏水水位调整	(1)疏水点的设置； (2)疏水的控制； (3)疏水管道的布置与疏水的回收； (4)疏水系统的投入和停运	4 学时
5	除氧器投运	(1)给水除氧的目的和方法； (2)热力除氧的工作原理； (3)除氧器的类型和结构； (4)除氧器管道系统； (5)给水系统； (6)除氧器的运行方式及运行特性； (7)除氧器启停、正常运行监视和常见事故处理	6 学时

（续表）

学习项目			参考学时
6	除氧器水位调整	(1)除氧器水位异常的原因分析； (2)除氧器水位调整的方法； (3)除氧器的水位调整操作	4学时
7	旁路系统投运	(1)主蒸汽与再热系统的型式、特点及其应用； (2)单元制主蒸汽与再热蒸汽系统； (3)再热机组旁路系统； (4)机组启动时投入； (5)机组正常运行维护； (6)机组故障甩负荷时的操作	4学时
8	工业冷却水系统的投运	(1)开式循环冷却水系统组成与流程； (2)开式循环冷却水系统运行； (3)闭式循环冷却水系统组成与流程； (4)闭式循环冷却水系统运行	4学时

4.3　教学的组织设计

<table>
<tr><td colspan="3">学习情境1:回热加热器投运　参考学时:6学时</td></tr>
<tr><td colspan="3">学习目标:
掌握回热加热器基本结构、工作原理及回热加热器系统及流程,熟悉回热加热器启动过程</td></tr>
<tr><td colspan="2">学习情境</td><td rowspan="2">教学方法和条件建议</td></tr>
<tr><td>子情境名称</td><td>任务载体</td></tr>
<tr><td>1.1　回热加热器及其系统</td><td>典型回热加热器及其系统</td><td>(1)结合典型仿真系统界面熟悉各回热加热系统。
(2)布置任务、制订计划、分组操作、归纳总结</td></tr>
<tr><td>1.2　回热加热器投运</td><td>典型回热加热器启动</td><td>(1)结合典型仿真系统界面和操作过程掌握回热加热器的投运操作技能。
(2)布置任务、制定计划、分组操作、归纳总结</td></tr>
</table>

<table>
<tr><td colspan="3">学习情境 2:回热加热器疏水水位调整　参考学时:4 学时</td></tr>
<tr><td colspan="3">学习目标:
掌握回热加热器基本结构、工作原理及回热加热器系统及流程,熟悉回热加热器水位调整方法</td></tr>
<tr><td colspan="2">学习情境</td><td rowspan="2">教学方法和条件建议</td></tr>
<tr><td>子情境名称</td><td>任务载体</td></tr>
<tr><td>2.1 回热加热器及其系统</td><td>典型回热加热器及其系统</td><td>(1)结合典型仿真系统界面熟悉各回热加热系统。
(2)布置任务、制订计划、分组操作、归纳总结</td></tr>
<tr><td>2.2 回热加热器水位调整</td><td>典型回热加热器水位调整</td><td>(1)结合典型仿真系统界面和操作过程掌握疏水水位调整操作技能。
(2)布置任务、制订计划、分组操作、归纳总结</td></tr>
</table>

<table>
<tr><td colspan="3">学习情境 3:除氧器投运　参考学时:6 学时</td></tr>
<tr><td colspan="3">学习目标:
掌握除氧器的基本结构、工作原理及除氧给水系统及流程,熟悉除氧器启动过程</td></tr>
<tr><td colspan="2">学习情境</td><td rowspan="2">教学方法和条件建议</td></tr>
<tr><td>子情境名称</td><td>任务载体</td></tr>
<tr><td>3.1 除氧器及其系统</td><td>典型除氧器及其系统</td><td>(1)结合典型仿真系统界面熟悉除氧器管道系统和给水系统。
(2)布置任务、制订计划、分组操作、归纳总结</td></tr>
<tr><td>3.2 除氧器投运</td><td>典型除氧器启动</td><td>(1)结合典型仿真系统界面和操作过程掌握除氧器的投运操作技能。
(2)布置任务、制订计划、分组操作、归纳总结</td></tr>
</table>

<table>
<tr><td colspan="3">学习情境 4:除氧器水位调整　参考学时:4 学时</td></tr>
<tr><td colspan="3">学习目标:
掌握除氧器的基本结构、工作原理及除氧给水系统及流程,熟悉除氧器水位调整方法</td></tr>
<tr><td colspan="2">学习情境</td><td rowspan="2">教学方法和条件建议</td></tr>
<tr><td>子情境名称</td><td>任务载体</td></tr>
<tr><td>4.1　除氧器及其系统</td><td>典型除氧器及其系统</td><td>(1)结合典型仿真系统界面熟悉除氧器管道系统、凝结水系统和给水系统。
(2)布置任务、制订计划、分组操作、归纳总结</td></tr>
<tr><td>4.2　除氧器水位调整</td><td>典型除氧器水位调整</td><td>(1)结合典型仿真系统界面和操作过程掌握除氧器的水位调整操作技能。
(2)布置任务、制订计划、分组操作、归纳总结</td></tr>
</table>

<table>
<tr><td colspan="3">学习情境 5:旁路系统投运　参考学时:4 学时</td></tr>
<tr><td colspan="3">学习目标:
掌握主蒸汽和旁路系统及流程,熟悉旁路系统投运过程</td></tr>
<tr><td colspan="2">学习情境</td><td rowspan="2">教学方法和条件建议</td></tr>
<tr><td>子情境名称</td><td>任务载体</td></tr>
<tr><td>5.1　主蒸汽和旁路系统</td><td>典型机组主蒸汽和旁路系统</td><td>(1)结合典型仿真系统界面熟悉主蒸汽和旁路系统。
(2)布置任务、制订计划、分组操作、归纳总结</td></tr>
<tr><td>5.2　旁路系统投运</td><td>典型除氧器启动</td><td>(1)结合典型仿真系统界面和操作过程掌握旁路系统投运操作技能。
(2)布置任务、制订计划、分组操作、归纳总结</td></tr>
</table>

<table>
<tr><td colspan="3">学习情境6:工业冷却水系统的投运　参考学时:4学时</td></tr>
<tr><td colspan="3">学习目标:
掌握工业冷却水系统投运过程</td></tr>
<tr><td colspan="2">学习情境</td><td rowspan="2">教学方法和条件建议</td></tr>
<tr><td>子情境名称</td><td>任务载体</td></tr>
<tr><td>6.1　循环供水系统的投运</td><td>具有冷却水塔的循环供水系统</td><td>(1)结合典型仿真系统界面和操作过程熟悉具有冷却水塔的循环供水系统操作技能。
(2)布置任务、制订计划、分组操作、归纳总结</td></tr>
<tr><td>6.2　开式冷却水
系统投运</td><td>典型开式冷却水
系统投运</td><td>(1)结合典型仿真系统界面和操作过程掌握开式循环冷却水系统投运操作技能。
(2)布置任务、制订计划、分组操作、归纳总结</td></tr>
<tr><td>6. 闭式冷却水系统投运</td><td>典型闭式冷却水
系统投运</td><td>(1)结合典型仿真系统界面和操作过程掌握闭式循环冷却水系统投运操作技能。
(2)布置任务、制订计划、分组操作、归纳总结</td></tr>
</table>

<table>
<tr><td colspan="3">学习情境7:回热加热器检修　参考学时:6学时</td></tr>
<tr><td colspan="3">学习目标:
掌握电厂辅助设备回热加热器的结构、工作原理及检修维护步骤和工艺</td></tr>
<tr><td colspan="2">学习情境</td><td rowspan="2">教学方法和条件建议</td></tr>
<tr><td>子情境名称</td><td>任务载体</td></tr>
<tr><td>回热加热器检修步骤和工艺</td><td>(1)回热加热器的结构
(2)回热加热器原理
(3)回热加热器检修步骤和工艺</td><td>(1)结合典型仿真系统界面和操作过程掌握闭式循环冷却水系统投运操作技能。
(2)布置任务、制订计划、分组操作、归纳总结</td></tr>
</table>

<table>
<tr><td colspan="3">学习情境 8:除氧器检修 参考学时:6 学时</td></tr>
<tr><td colspan="3">学习目标:
掌握电厂辅助设备除氧器的结构、工作原理及检修维护步骤和工艺</td></tr>
<tr><td colspan="2">学习情境</td><td rowspan="2">教学方法和条件建议</td></tr>
<tr><td>子情境名称</td><td>任务载体</td></tr>
<tr><td>除氧器检修步骤和工艺</td><td>(1)除氧器的结构
(2)除氧器原理
(3)除氧器检修步骤和工艺</td><td>(1)结合典型仿真系统界面和操作过程掌握闭式循环冷却水系统投运操作技能。
(2)布置任务、制订计划、分组操作、归纳总结</td></tr>
</table>

5 实施建议

5.1 学习材料开发建议

5.1.1 提供学习材料和资源

根据现场生产过程电厂辅助设备和系统方面有代表性的典型的工作过程,设计本课程的学习情境,包括回热加热器和除氧器的投运及其典型事故处理等基于工作过程的学习情境设置在仿真机房进行。每个学习情境的内容有具有内在的联系,并且循序渐进的,有利于学生对知识点和技能点的掌握。

5.1.2 功能描述

根据电厂运行维护生产过程,提出典型的生产过程,设计典型的学习情境,通过学习情境和学习项目将需要学习的知识点和技能点有机地结合起来,对于学习情境的教学需要教师和同学共同完成,通过明确任务、制订计划、实施计划、检查控制和评定反馈完整的过程,在完成学习任务的过程中增强了学生学习的主动性,便于学生更好地学习知识,掌握技能。

5.1.3 采用形式和开发资源

5.1.3.1 现场教学

对于电厂主要辅助设备和阀门,有现场设备结构的图片和录像进行教学;另一方面,在电厂进行检修时,可以安排学生到如合肥电厂等企业现场进行教学,并请电厂专家给学生进行讲解。增强了教学的直观性。

5.1.3.2 讨论教学

根据学生学习的具体情况,对学习中的一些问题,如发电厂的经济性分析、设备事故现象分析与处理等可以先由学生分组进行讨论,给出各小组的答案,然后教师点评,这样学生所学的知识得到了综合应用,有利于学生对知识的理解和掌握。

5.1.3.3 案例教学

采用案例法与学生互动,利用电厂辅助设备在现场运行中的重大事故案例分析与处理,培养学生在工程实际中及时发现问题、敏捷分析问题和正确解决问题的能力。同时加强学生职业纪律、安全意识、敬业精神等方面的职业素质教育。

5.2 课程考核建议

考核方式多样化,既考核学生对基本知识和基础理论的掌握程度,又要考核学生对汽轮机检修和运行方面技能掌握程度。对于理论部分项目教学内容采用卷面统一考试的形式,对于基于工作过程的学习情境进行现场操作考核。

5.2.1 组织形式

5.2.1.1 理论考核

5.2.1.2 实践考核

5.2.2 考核内容与标准

5.2.2.1 理论考核内容与标准

理论知识考核包括作业、提问、期中考试和期末考试等,主要考核学生对汽轮机理论知识方面的自我程度,同时也考查学生独立分析问题、解决问题的能力。

表1 理论考核内容与标准表

学习项目评分项目	比率(%)	评分要点
平时成绩	20	课堂纪律、平时作业、课堂提问等
期中考试成绩	30	按试卷标准答案评分
期末考试成绩	50	按试卷标准答案评分

5.2.2.2 实践考核内容与标准

实践考核成绩包括平时考核和提问、实习报告和操作考核成绩三部分,实践考核针对的是基于工作过程的学习情境(任务),成绩评定采取以下考核标准。

5.2.2.2.1 学习情境(学习任务)考核

根据现场操作情况按评分标准进行评定,对于不同的学习任务(学习情境)有不同的考核标准。操作考核以班组形式开展,抽签决定操作项目,由考核老师指定岗位,并结合操作回答有关专业问题。

5.2.2.2.2　平时成绩

根据平时操作情况、遵守纪律情况及实习态度等综合评定。

5.2.2.2.3　实习报告

由专业教师根据实习报告内容进行评定。

表2　实习报告评分表

学习任务评分项目	比率(%)	评分要点
平时成绩	20	组织纪律、职业素质、安全文明生产
现场操作考试成绩	60	操作工艺、现场考问、职业素质
实训报告成绩	20	图文并茂，语句通顺，字迹清楚，体会深刻

5.2.3　成绩评定

表3　总成绩评定表

	学习项目评分项	比例
1	学习项目	70%
2	学习任务(学习情境)	30%
总成绩	100%	

5.3　师资配备建议

5.3.1　教学团队结构

本课程的教学队伍应体现“专兼结合”，企业兼职教师应占一定比例，特别在实践环节、职业技能训练环节应以企业兼职教师为主。

本课程的主讲教师要求具有副教授及以上职称，具有锅炉、汽轮机运行值班员(或集控值班员、锅炉、汽轮机本体检修工、水泵管阀检修工)技师及以上职业技能证书。

本课程的专任教师要求具有讲师及以上职称，具有锅炉、汽轮机运行值班员(或集控值班员、锅炉、汽轮机本体检修工、水泵管阀检修工)高级工及以上职业技能证书。

本课程的企业兼职教师应来自发电企业锅炉、汽轮机运行或检修生产现场，熟悉锅炉汽轮机结构及锅炉汽轮机方面的运行操作，要求有教学培训方面的经验，并具有锅炉、汽轮机运行值班员(或集控值班员、锅炉汽轮机本体检修工、水泵管阀检修工)技师及以上职业技能证书。

5.3.2　教师专业结构

教师专业为热能动力装置，可以课堂内外延伸教学：班级学生分成若干工作小组，引入企业班组管理方式，互相协作，除了在课堂教学时共同完成工作任务，还利用课余时间参与项目课题研究、进行研讨交流、组织课程知识竞赛、撰写班组工作报告。学生还可参加专业社团开展课外专业知识学习创新实践活动。

5.3.3 教师能力水平

教师能够理论实践一体化教学：利用校内、外实训基地的设备，建立学习情境，以任务为载体，基于工作过程进行理论实践一体化教学。本课程教学内容的50%是在实训基地通过边讲边做而完成。

5.4 条件配备建议

5.4.1 教室的场地布置

板书和多媒体融合教学。例如：必要的计算机实验室、多媒体播放教学教室、投影仪软硬件等等。

5.4.2 设备配置

厂中校，校中厂实习基地等设备配置。

5.4.3 资料配置

精心设计黑板板书，将重点、难点通过黑板文字、绘图进行分析，授课时图文并茂；同时通过分析比较、图解法和列表的形式进行归纳总结，方便学生复习掌握，提高学生的学习兴趣，增强学习效果。

5.4.4 氛围营造

利用学院的多媒体室进行教学，本课程讲授内容全部制作成多媒体课件，课件主要是将复杂难懂的设备结构、工作原理用动画、图片、现场实物照片生动展示，易于学生掌握理解。

六　热力设备检修工艺课程标准

适用专业：电厂热能动力装置专业

课程类别：专业核心课程

修课方式：必修课

教学学时：80 学时

课程学分：5 学分

编 制 人：李　铭，何　鹏，史贤春

审 定 人：王向阳

1　制定依据

根据电厂热能动力装置专业建设标准、电力行业相关标准（DL/T 748.3—2001 火力发电厂锅炉机组检修导则第 3 部分：阀门与汽水管道系统检修）、电力行业岗位职业技能鉴定标准（国家职业技能鉴定规范：汽轮机运行与检修专业和锅炉运行与检修专业）制定本课程标准。

2　课程定位

热力设备检修是电厂热能动力装置专业的重要学习课程之一，是该专业的专业核心课程。它应用先修课程（包括机械制图、零部件测绘、机械设计与制作、金工工艺实训、电厂认识实训等）中的基本知识、理论和技能，紧密结合生产实际，研究热力设备检修的工器具使用、检修方法与步骤、检修规范等有关问题。主要培养学生关于热力设备检修工作能力，为检修公司或其他企业检修部门从事一线检修操作、设备安装与技术管理服务。

3　课程教学目标

通过本课程的学习，学生应掌握热力设备检修的基本理论与方法，具备检修工具正确使用能力、动力设备设施管理能力、检修作业流程管理能力、转动设备故障判别能力、动力设备安全管理能力、设备检修信息技术应用能力等，培养学生成为检修公司或其他企业检修部门一线从事检修操作、设备安装与技术管理的专业技能性人才。

3.1　专业岗位能力目标

（1）掌握检修工器具的使用及通用件的装配工艺要求；

(2)掌握葫芦、滑轮、绞车等起重机具的使用方法，以及常用绳结的打法；

(3)掌握轴弯曲的测量方法和晃动、瓢偏的测量方法；

(4)掌握滚动轴承、滑动轴承的检查方法、间隙测量及检修要求；

(5)掌握管道、阀门的拆卸、修理、安装方法；

(6)掌握转子找中心、找平衡的方法、步骤及质量标准；

(7)掌握多级水泵的检修方法、步骤及质量标准。

(8)能够运用所学的知识、技能，解决热力设备检修工作实际问题；

(9)能够努力、高效地完成工作岗位任务，胜任热力设备检修岗位工作；

(10)具有从工作中获取新知识、新方法、新技能的能力；

(11)善于独立思考并总结经验，具有分析问题、解决问题和创新的能力。

3.3 综合素质能力目标

(1)遵守职业道德规范，责任心强，具备良好的职业道德修养；

(2)具备职业岗位所需的团队合作意识和沟通交流能力。

4 课程教学设计

4.1 设计思路

坚持"校企合作、工学结合"的办学理念，以热力设备检修的典型工作过程为课程设计的出发点，引入行业企业标准和国家职业技能鉴定标准进行课程设计、课程改革和课程教学，将理论教学与实践教学有机地融合在一起，实行教、学、做一体化教学。把知识点传授、技能点训练和职业素质培养贯穿于整个教学过程中，以实现课程培养目标。

知识点删繁就简，以适度、够用为度，确立基本的知识框架，适当考虑学生职业生涯的可持续发展性；技能点主要考虑热力设备检修岗位的操作能力，以及解决现场实际问题的专业能力；职业素质主要从方法能力和社会能力方面来考量，指通过教书育人，培养学生良好的职业道德、创新能力和团队协作能力等。

4.2 学习项目划分

基于热力设备检修工作任务进行分析、总结，选取若干具有代表性的典型工作任务作为本课程的学习项目：起重技术、轴弯曲测量、晃动与瓢偏测量、转子找静平衡、转子找动平衡、转子找中心、轴承检修、管道检修、阀门检修和水泵检修。

学习项目划分表		
序号	项目名称	参考学时
1	起重技术	8
2	轴弯曲测量	4
3	晃动、瓢偏测量	4
4	转子找静平衡	8
5	转子找动平衡	4
6	对轮找中心	8
7	轴承检修	8
8	管道检修	8
9	阀门检修	12
10	水泵检修	12
	机动	4
总计		80

4.3　教学组织设计

学习项目 1:起重技术　参考学时:8				
	知识讲授	2 学时	技能训练	6 学时
主要内容	(1)索具及栓连具; (2)常用起重机具		任务(1)打绳结及捆绑重物; 任务(2)倒链起吊重物并悬移; 任务(3)滑轮组绕绳	
基本要求	(1)认识各种常见栓连具,理解起重作业的重要性,熟悉起重安全知识; (2)熟悉常用起重机具的结构、用途; (3)熟悉常用绳结的用途		(1)能够使用倒链起吊重物并悬空移至另一处; (2)会在滑轮上进行穿绕练习; (3)掌握常用绳结的打法及重物的捆绑方法	
教学建议	充分利用多媒体和实物,联系现场实际,如汽缸、大型水泵、联箱起吊等作业进行讲解		采用任务驱动法教学,分组进行,教、学、做一体化	

学习项目2:轴弯曲测量　参考学时:4				
	知识讲授	2学时	技能训练	2学时
主要内容	(1)直轴; (2)轴弯曲测量		轴弯曲测量工作过程	
基本要求	(1)了解直轴的常用方法; (2)掌握轴弯曲测量方法		(1)会进行轴弯曲测量操作; (2)能够绘制轴弯曲曲线,并进行轴弯曲状态分析	
教学建议	采用多媒体教学		采用任务驱动法教学,以泵轴为载体,分组进行,2～3人一个工位,教、学、做一体化	

学习项目3:晃动、瓢偏测量　参考学时:4				
	知识讲授	1学时	技能训练	3学时
主要内容	晃动及测量; 瓢偏及测量		任务(1)测量转子晃动度; 任务(2)测量转子瓢偏度	
基本要求	(1)理解晃动、瓢偏的含义,熟悉晃动、瓢偏产生的原因及危害; (2)掌握晃动、瓢偏的测量方法		(1)会进行晃动、瓢偏测量操作; (2)能够绘图并计算晃动度、瓢偏度的大小和位置	
教学建议	与技能训练进行一体化教学		采用任务驱动法教学,以泵轴转子为载体,分组进行,2～3人一个工位,教、学、做一体化	

学习项目4:转子找静平衡　参考学时:8				
	知识讲授	2学时	技能训练	6学时
主要内容	(1)静平衡原理; (2)试加重法找静平衡; (3)秒表法找静平衡; (4)找静平衡工艺分析		任务(1)用试加重法找转子静平衡工作过程; 任务(2)用秒表法找转子静平衡工作过程	

(续表)

基本要求	(1)理解静平衡原理; (2)熟悉试加重法找静平衡; (3)熟悉秒表法找静平衡; (4)会进行静平衡工艺分析,掌握静平衡质量标准,比较试加重法与秒表法找静平衡的优劣	(1)会正确使用水平仪等工具调整静平衡台; (2)掌握试加重法找显著静不平衡的操作工艺; (3)掌握秒表法找显著静不平衡的操作工艺; (4)掌握秒表法找不显著静不平衡的操作工艺
教学建议	与技能训练进行一体化教学	采用任务驱动法教学,以转子找静平衡工作台为载体,2～3 人一个工位,教、学、做一体化

学习项目 5:转子找动平衡　参考学时:4				
	知识讲授	1 学时	技能训练	3 学时
主要内容	(1)动平衡原理; (2)画线法找高速动平衡; (3)测相法找高速动平衡		任务(1)用画线法找高速动平衡工作过程 任务(2)用测相法找高速动平衡工作过程	
基本要求	(1)理解动平衡原理; (2)理解转子滞后角、相位与振幅、相对相位的概念,以及重量向量与相对相位振幅向量的关系		(1)会正确使用测振仪; (2)掌握画线法、测相法找高速动平衡的操作工艺,确定转子不平衡重的大小和位置; (3)掌握动平衡质量标准	
教学建议	与技能训练进行一体化教学		采用任务驱动法教学,以转子找动平衡工作台为载体,2～3 人一个工位,教、学、做一体化	

学习项目 6:对轮找中心　参考学时:8				
	知识讲授	4 学时	技能训练	4 学时
主要内容	(1)对轮找中心原理; (2)找中心工艺步骤		完成对轮找中心工作过程	

（续表）

基本要求	(1)了解对轮找中心的目的、意义，理解找中心原理； (2)掌握对轮找中心的方法	(1)能够正确安装桥规，使用百分表、塞尺； (2)学会测量方法、数据处理、正确分析中心状态、绘制中心状态图、计算调整量； (3)掌握调整中心状态的操作工艺
教学建议	使用多媒体课件并结合技能训练一体化教学	采用任务驱动法教学，以对轮找中心工作台为载体，2－3人一个工位，教、学、做一体化

学习项目7：轴承检修　参考学时：8				
	知识讲授	4学时	技能训练	4学时
主要内容	(1)滑动轴承结构； (2)滑动轴承常见缺陷及检查处理； (3)轴瓦间隙与轴瓦紧力		任务(1)测量轴瓦间隙； 任务(2)测量轴瓦紧力	
基本要求	(1)了解滑动轴承结构； (2)了解滑动轴承的常见缺陷、产生原因及检查方法； (3)理解轴瓦间隙、轴瓦紧力的含义		(1)掌握测量轴瓦间隙的操作工艺； (2)掌握测量轴瓦紧力的操作工艺； (3)比较轴瓦间隙、轴瓦紧力测量方法的异同点	
教学建议	结合多媒体课件、滑动轴承实物进行分析和讲解		(1)采用任务驱动法教学，以滑动轴承为载体，分组完成工作过程； (2)采用讨论法，比较任务1与任务2的工作过程的相同与不同点。	

学习项目8：管道检修　参考学时：8				
	知识讲授	2学时	技能训练	6学时
主要内容	(1)管道支吊架； (2)管道检修； (3)管子的弯制		法兰连接管道(水循环系统)拆装检修	
基本要求	(1)了解管道支吊架的作用、分类、检查与维修方法； (2)掌握管道检修的方法，能根据管道介质及参数选用垫料； (3)了解冷、热弯管的方法		(1)能用正确的工艺对法兰连接管道进行解体； (2)能用正确的工艺对法兰连接管道进行组装，并经水压试验合格	
教学建议	结合多媒体课件进行分析和讲解		采用任务驱动法教学，以水循环法兰连接管道系统为载体，每个节点2～3人(一个小组)，若干节点为一大组，教、学、做一体化	

学习项目 9:阀门检修　参考学时:12				
	知识讲授	4 学时	技能训练	8 学时
主要内容	(1)阀门结构与类型; (2)阀门的拆装与修理; (3)阀门研磨与水压试验; (4)阀门密封		典型阀门检修工作过程	
基本要求	(1)熟悉常用阀门的结构和作用; (2)掌握阀门检修的方法,能正确选用密封材料; (3)熟悉水压试验的类型和合格标准		(1)能正确使用工具对阀门进行解体、组装; (2)能用正确的工艺研磨阀门密封面; (3)能用正确的工艺更换盘根; (4)会做阀门水压试验	
教学建议	(1)使用多媒体课件结合阀门实物进行讲解; (2)如有条件,可利用课件的互动功能,让学生先进行模拟拆装练习后再进行实训操作		采用任务驱动法教学,以阀门为载体,1~2 人一个工位,教、学、做一体化,完成阀门的解体、研磨、组装、试压等工作过程	

学习项目 10:水泵检修　参考学时:12				
	知识讲授	4 学时	技能训练	8 学时
主要内容	(1)泵的解体; (2)泵的检修; (3)泵的组装		多级水泵检修工作过程	
基本要求	(1)掌握水泵解体中的常见技术问题; (2)掌握水泵检修的主要内容; (3)掌握水泵组装的工艺步骤; (4)懂得前期学习的一些检修基本工艺在本项目中有实际应用,如起吊牵引、轴弯曲测量、晃动瓢偏测量、动静平衡、找中心等		(1)会正确使用工具进行水泵解体; (2)学会水泵轴瓦紧力及窜动的测量、静止部件的间隙测量与调整、转子部件的间隙测量与调整、水泵芯包组装及总装间隙的调整等; (3)会水泵检修中的其他检查、测量、维修; (4)正确使用工具进行水泵装复	
教学建议	使用多媒体课件,结合技能训练一体化教学		采用任务驱动法教学,以多级泵为载体,2~3 人为一组,教、学、做一体化,完成水泵检修全部工作过程	

5 实施建议

5.1 学习材料开发建议

为保证学生完成本课程的学习，应编制能够全面立体反映典型工作过程的高职教材，并便于在教学中组织实施教、学、做一体化，同时可选用一些参考资料。

(1)教材选用：

《热力设备检修工艺与实践》李铭主编 合肥工业大学出版社

(2)参考资料：

《国家职业技能鉴定规范·电力行业—汽轮机运行与检修专业》中国电力企业联合会编 中国电力出版社

《国家职业技能鉴定规范·电力行业—锅炉运行与检修专业》中国电力企业联合会编 中国电力出版社

《动力设备检修技能训练》赵鸿逵 舒广奇主编 中国电力出版社

《热力设备检修工艺学》赵鸿逵主编 中国电力出版社

《锅炉设备检修》火力发电职业技能培训教材编委会 中国电力出版社

《汽轮机设备检修》火力发电职业技能培训教材编委会 中国电力出版社

《起重技术》汤毛志主编 中国电力出版社

5.2 课程考核建议

课程考核评价指标应与课程教学目标相一致，考核的目的在于全面考察学生的学习状况，考核结果应全面客观的反映教学的真实情况，为改进教学提供真实可靠的依据。

考核目标除考核学生对知识点和技能点的掌握程度，更注重考查学生在实际工作过程中将两者有机结合起来解决实际问题的专业能力。

在教学考核中，给学生提供自我评价以及同伴互评的机会，以利于学生对自身和同伴在知识、能力和态度上的正确认识。

考核方式注重理论与实践结合，以反映专业能力的工作任务过程考核为主，结合反映认知水平的理论考核，对学生作出综合成绩评定。

考核方式	工作任务过程考核		理论考核
	素质考核	专业能力考核	
分值比例%	20	40	40
考评实施	教师根据学生表现进行评分＋学生自评、互评	教师根据学生操作技能和完成任务质量进行考评	按照教考分离原则，由学院集中组织安排考试

5.3 师资配备建议

本课程的教师应由本院专职教师和来自企业的兼职教师共同组成：

(1)专职教师，其师德、学历和教学水平均符合“高等学校教师任职资格”要求，具有本专业课程的理论和实践能力。

(2)聘请的兼职教师，应来自企业一线专家或技术能手，长期在发电企业从事热力设备检修专业技术工作，具备一定的专业理论水平、扎实的专业技能和良好的语言表达能力。

本课程的主讲教师要求具有副教授及以上职称，具有锅炉、汽轮机本体检修、水泵管阀检修工技师及以上职业技能证书。

本课程的专任教师要求具有讲师及以上职称，具有锅炉、汽轮机本体检修、水泵管阀检修工高级工及以上职业技能证书。

本课程的企业兼职教师应来自发电企业锅炉运行或检修生产现场，熟悉锅炉结构及锅炉方面的运行操作，要求有教学培训方面的经验，并具有锅炉、汽轮机本体检修、水泵管阀检修工技师及以上职业技能证书。

5.4 条件配备建议

为配合本课程的教学，除教材、指导书外，可制作功能强大的多媒体课件，努力开发网络平台，形成教学资源共享，便于教与学的互动，为学生创造更好的学习条件。

为满足一体化教学需要，应加强和完善校内外实训基地建设。一方面对现有校内实训室进行设备维护、改造，努力创办“校中厂”；另一方面与校外实训基地投资共建“厂中校”。

6 其他

本标准从2013年起执行。本标准允许按照不同班级具体要求做内容的选择和课时调整。

七 专业认识实习实训课程标准

适用专业:电厂热能动力装置专业
课程类型:专业实践课
修课方式:必 修
教学时数:一周
课程学分:1学分
编 制 人:王向阳,徐靖勇
修 订 人:王向阳
审 定 人:王向阳,俞民
制定时间:2012.8(修订时间:2013.5.8)

1 课程性质和任务

课程性质: 现场直观认知实习
课程任务:

(1)通过到生产现场实习以了解掌握发电厂热力设备的基本结构,热力系统的构成与相互关联及发电厂相关辅助生产系统的构成与作用;

(2)了解、认知发电厂运行集控室的构成与相关功能作用;

(3)了解、认知发电厂主要热力设备正常运行中基本的调控规范与要求;

(4)了解、认知发电厂的运行与检修生产管理规范,安全规范知识;

(5)了解、认知发电厂主要设备与系统结构及主要工作特性。

2 课程的基本要求

2.1 热力发电生产基本过程及原理、系统构成和主要工作参数介绍:

介绍发电厂生产的基本过程,介绍主要热力发电系统的构成及工作原理,主要设备名称与作用。简单介绍发电厂辅助系统及设备的构成与作用。介绍发电厂系统设备的主要参数和指标,发电厂安全生产的基本规范。

2.2　热力发电生产主要系统和设备结构和工作特性介绍及现场实训认知：

2.2.1　锅炉部分

(1)锅炉本体

① 了解合肥发电厂锅炉的型号、参数和相关锅炉的循环类型及工作特性；

② 了解锅炉汽水系统中主要设备、如汽包、水冷壁，省煤器、下降管、联箱、过热器和再热器等的结构、作用及其布置方式，汽水流程；

③ 了解锅炉燃烧系统中主要设备，如炉膛，烟道，燃烧器、点火装置和炉内燃烧工况组织，空气预热器的结构、作用及布置方式；

(2)锅炉附件

① 锅炉系统主要附件构成；

② 了解安全门、阀门、防爆门，吹灰器和水位计等的种类，结构，作用和应用情况；

(3)运行调节

① 了解汽包水位手动、自动调节操作的方法，维持汽包水位在正常范围内的必要性；

② 了解锅炉气温、汽压的基本调节过程及重要性；

③ 了解发电生产过程中的常见运行事故。

2.2.2　汽轮机部分

(1)汽轮机本体

① 了解合肥发电厂汽轮机型号和基本参数；

② 了解汽缸结构(单层缸、双层缸)、作用及相关材料概况；

③ 了解隔板的种类、结构和作用；

④ 了解汽封的种类、结构和作用；

⑤ 了解滑销的种类，作用和布置的部位；

⑥ 了解主轴承和推力轴承的结构、作用；

⑦ 了解汽轮机转子的类型、结构、作用和材料。

(2)汽轮机调节、保安和供油系统

① 了解合肥发电厂汽轮机典型调节系统组成，各个机构的作用；

② 了解合肥发电厂汽轮机典型供油系统的设备组成，各个设备的作用。

(3)汽轮机运行

① 了解汽轮机监视仪表指示变化及相关调节方法；

② 了解蒸汽参数、负荷、真空、轴承油压等参数规定范围及调整方法；

2.2.3 辅机系统部分

(1)给煤设备

① 了解给煤设备的种类、设备、型号;

② 了解磨煤机的种类、作用和工作性能。

(2)送、引风机

① 了解热力发电厂常用风机种类、型号;

② 了解风机的结构、作用。

(3)发电厂燃料运输

① 了解发电厂燃料运输生产过程;

② 了解发电厂燃料运输系统中主要设备的结构、作用。

(4)发电厂除尘与除灰,脱硫与脱硝

① 了解发电厂除尘与除灰、脱硫与脱硝的意义;

② 了解发电厂电气除尘系统的设备组成;

③ 掌握发电厂典型除灰系统的主要设备及生产过程。

(5)给水泵、循环泵

① 了解发电厂常用的泵的种类、型号、结构、作用;

② 了解相关泵的常见故障和故障原因;

(6)发电厂化学水处理系统

① 了解发电厂化学水处理系统的生产流程;

② 了解发电厂化学水处理的主要设备的作用。

2.2.4 运行管理

① 掌握发电厂主要经济指标;

② 掌握锅炉运行指标;

③ 掌握汽轮机主要运行指标。

2.3 学生素质要求:

能严格遵守发电厂规厂纪,能主动学习,虚心向师傅和带队老师请教,具备一定的身体素质。具备一定的表达能力,能清楚描述所见设备、系统和工作状况。具备团队协作能力,在小组参观中相互协作,保证安全。

3 教学条件

《认识实习》实训地点:具有火电厂典型生产发电机组设备系统的实际生产单位。教学过程分课堂介绍和现场参观、下班组实习。全班学生可分为四组进行,由带队老师和电厂兼职教师组织管理,保证学生学习效果和安全。

4 教学内容及学时分配

表一:教学内容及时间分配表实习时间为5天。

<table>
<tr><th>序号</th><th>内容</th><th>地点</th><th>天数</th></tr>
<tr><td>1</td><td>发电厂上岗安全知识讲座,考核</td><td rowspan="9">具有火电厂典型生产发电机组设备系统的实际生产单位</td><td>0.5</td></tr>
<tr><td>2</td><td>发电厂整体概况介绍</td><td>0.5</td></tr>
<tr><td>3</td><td>锅炉设备及锅炉辅助设备专题介绍(授课)+参观</td><td>1</td></tr>
<tr><td>4</td><td>汽轮机设备及汽轮机辅助设备介绍(授课)+参观</td><td>1</td></tr>
<tr><td>5</td><td>电厂化学系统和除灰除尘、脱硫与脱硝系统介绍(授课)+参观</td><td>1</td></tr>
<tr><td>6</td><td>发电厂运行知识讲座+参观</td><td rowspan="4">1</td></tr>
<tr><td>7</td><td>发电厂设备检修知识讲座</td></tr>
<tr><td>8</td><td>各分场参观,介绍</td></tr>
<tr><td>9</td><td>整理实习报告和实习考核</td></tr>
<tr><td></td><td>合 计</td><td></td><td>5</td></tr>
</table>

5 考核方式

成绩评定方法及标准如下表

项 目	比率(%)	评分要点
平时成绩	20	遵守纪律; 虚心听讲; 主动请教; 笔记工整
考核成绩	10	表达清楚; 设备名称准确; 系统概念建立; 了解发电厂基本数据和主要参数
素质	10	团结协作; 认真好学

（续表）

项　目	比率(%)	评分要点
劳动纪律	10	严格遵守作息时间； 严格履行考勤规定； 无其他违纪情况发生
实训报告	50	及时上交，字迹工整，字数适当； 内容完整，符合实际； 有自己的心得体会

6　说明

(1)严格遵守各项纪律，严格考勤，凡严重违反纪律者实习成绩不及格。

(2)指导老师结合学生对设备和生产过程的描述，给出平时表现成绩和考核成绩；

(3)学生在参观和听课的基础上，写出实习总结报告，实习报告必须包含本大纲课程要求的全部内容，由指导教师根据实习报告的详细程度给与实训报告的评分，最终根据实训要求进行综合评分。

八　专业顶岗实习实训课程标准

适用专业：电厂热能动力装置专业

课程类别：专业实践课

修课方式：必　修

教学时数：20 周

课程学分：20 学分

编制人：王向阳，余长军，朱志

修 订 人：王向阳，余长军

审 定 人：王向阳，孙雪松

制定时间：2012 年 10 月（修订时间：2013.5.8）

1　制定依据

本课程标准是依据电厂热能动力装置专业的岗位人才培养目标和专业人才培养方案，结合电厂热能动力装置专业的课程体系建设，深入分析社会对专业岗位的需求状况、以学生岗位职业综合素质与岗位技能发展为目标，以本专业学生就业调查和职业能力需求分析为依据，并参考火电厂热能动力装置方面的技术标准、工作标准与管理标准，结合锅炉相关职业岗位能力、相关工种职业技能鉴定规范以及大型火力电厂相应岗位的工作状况而制定的。

2　课程定位

本课程对应的典型工作任务：

2.1　锅炉、汽轮机运行值班员

① 锅炉运行调节；

② 汽轮机运行调节；

③ 热力设备常见各种设备运行故障状态的判断与处理；

③ 典型常见工况下锅炉汽轮机及其辅机设备的启停操作；

④ 除氧器、加热器、凝汽器等辅助设备的操作和运行维护。

⑤ 锅炉制粉系统的运行调节及启、停操作

⑥ 响应负荷进行设备系统启、停切换、设备试验、电气倒闸操作和事故处理等工作。

2.2 锅炉、汽轮机本体检修工

① 锅炉本体各种常见典型故障状态的判断与检修；

② 锅炉辅机常见典型故障状态的判断与检修；

③ 汽轮机常见典型故障状态的判断与检修；

④ 汽轮机常见典型辅机故障判断与检修；

⑤ 热工仪表常见典型故障处理与检修；

⑦ 除氧器常见典型故障处理与检修；

⑧ 凝汽器的检修；

⑨ 热力系统常用典型泵与风机的检修。

2.3 水泵、管阀检修工

2.4 集控运行值班员

熟悉典型热力设备的工作原理，掌握热常见力设备的运行机理，掌握常见典型热力设备的运行规程，具备处理常见典型运行故障的能力。

熟悉火电厂典型热力设备的工作原理，掌握常见典型热力设备的基本结构，掌握热力设备的检修工艺与流程，具备判断、修复设备缺陷的能力。正确填写检测和试验运行数据、设备缺陷及处理情况等检修技术记录。

顶岗实习是电厂热能动力装置专业体现岗位职业教育职业能力培养为主思想理念的一个重要环节，是学生已掌握一定的专业课理论知识和基本专业技能以后，所进行的一次为时较长的综合性基于岗位职业能力培养的生产实习环节。通过顶岗专业实训实践，可以较全面、综合地了解企业现场生产过程和技术应用过程；较深入、详细的了解企业实际生产设备、仪器等相关专业知识和技能的应用；了解企业的组织管理、企业文化等方面的知识和运作过程；理论联系实际，学以致用，既使自己的专业知识与技能的全面提高，又能为企业生产过程尽自己的一份力量，体现自身的社会价值；同时还可以积累相关岗位职业工作经验和社会经验，提高自身专业综合素质。

3 教学目标

通过毕业实训和顶岗实习，使学生掌握课堂理论知识在工程实践中的具体应用，同时了解国内外行业发展特点，查找自身存在问题，明确努力和发展方向。

3.1 专业综合能力目标：

① 具备知识综合应用能力；

② 具备能与他人沟通、协作的能力；

③ 具备能清晰表达个人岗位专业应用处理工作问题思路的能力；
④ 具备在生产过程中能自我保护的安全能力；
⑤ 具备能认知自我的能力；
⑥ 具备能吃苦、爱钻研精神不断学习精神；
⑦ 具备团队协作精神；
⑧ 具备技术革新与创新精神；
⑨ 具备能诚实守信的岗位职业道德；
⑩ 具备能遵守规范的职业道德。

3.2　工作能力培养目标：

① 具备能查阅相关专业资料的能力；
② 具备能识读有关专业施工图的能力；
③ 具备能利用设计参数计算简单、常见放样数据的能力；
④ 具备常见基本设备运行的能力；
⑤ 具备能检查常见典型错误的能力；
⑥ 具备能正确使用常用工具的能力。

4　课程学习情境(单元)设计

4.1　设计思路

顶岗实习的课程设计以培养学生岗位职业能力为总体目标，基于校企合作、工学结合的教学实践平台，使学生在完成基础知识和技能训练的前提下，在现实的工作环境和企业指导教师的帮助下，完成本专业从业人员应具备的基本岗位职业各项综合能力与素质的训练，同时有针对性地收集与毕业设计有关的资料，达到人才培养的总体目标。

运行值班员：①电厂热力辅助设备及其系统；②发电厂锅炉及其附属设备；③发电厂汽轮机及其附属设备；④锅炉的启动与停运流程；⑤锅炉运行调节；⑥汽轮机的启动与停运；⑦汽轮机运行调节；⑧发电厂汽轮机及其调速系统；⑨电厂辅助设备运行及其维护；⑩单元制机组操作规程和安全规程。

检修工：①电厂热力系统及系统流程；②发电厂典型锅炉设备原理及结构；③常见锅炉辅助设备及发电厂汽水系统的设备布置；④典型汽轮机本体结构和调速系统基本原理及组成；⑤凝汽器与除氧器；⑥典型发电厂热力设备检修规程；⑦输煤及除灰设备设备工作原理及检修；⑧锅炉水压试验。

4.2 学习情境(单元)划分

学习项目与任务			参考学时
1	运行值班员	①熟悉锅炉设备结构及其运行调节； ②熟悉热力设备各种故障状态的判断与处理； ③熟悉各种工况下锅炉汽轮机及其辅机的启停操作； ④熟悉汽轮机结构及其运行调节； ⑤熟悉除氧器、加热器、凝汽器等辅助设备的操作和运行维护； ⑥会办理各类工作票和填写操作票	10周
2	检修工	①熟悉锅炉本体设备、制粉系统和输煤系统的结构、常见故障及设备检修工艺要求； ②熟悉汽轮机本体和调速系统原理和结构； ③熟悉发电厂热力系统及系主要辅助设备； ④掌握凝汽器的检修方法； ⑤办理各类工作票和填写操作票； ⑥熟悉发电厂汽水系统的设备布置； ⑦熟悉各种泵与风机的检修工艺	10周

4.3 教学的组织设计

学习任务1： 运行值班员 参考学时： 10周		
学习目标：能够进行锅炉、汽机机组冷态启动、热态启动与正常停运、事故停运。事故处理与分析能力。掌握化学水处理设备、输煤的检修及其运行、除灰脱硫设备的运行及其维护。能够分析设备运行状况和事故预测。		
学习任务		教学方法和条件建议
子任务名称	任务载体	
锅炉运行	锅炉规程、图纸、说明书	
汽轮机运行	汽轮机规程、图纸、说明书	
辅助设备运行维护	辅助设备运行规程、图纸、说明书	

<table>
<tr><td colspan="3">学习任务 2：　检修工　参考学时：　10 周</td></tr>
<tr><td colspan="3">学习目标：能够进行锅炉、汽机本体及辅机的检修与维护，掌握主要设备的结构和检修任务。能按照维修单逐项实施。掌握热工参数的测量方法，热工仪表的调试与安装，热工参数整定。熟悉发电厂所选用的泵与风机的结构、工作原理、性能参数、工作特性，具备火电厂泵与风机运行、正常维护等相关知识</td></tr>
<tr><td colspan="2">学习任务</td><td rowspan="2">教学方法和条件建议</td></tr>
<tr><td>子任务名称</td><td>任务载体</td></tr>
<tr><td>锅炉设备安装与检修</td><td>设备图纸、技术规范、标准</td><td></td></tr>
<tr><td>机电设备安装与检修</td><td>设备图纸、技术规范、标准</td><td></td></tr>
<tr><td>热工信号测量和处理</td><td>设备图纸、技术规范、标准</td><td></td></tr>
<tr><td>泵与风机的选型、运行维护</td><td>设备图纸、技术规范、标准</td><td></td></tr>
</table>

5　实施建议

（特别注意：在撰写过程中注意各部分要求的衔接与呼应，如在教学目标中的各项要求，在教学实施与考核方式中要有所体现，如何通过本课程的教学最终达到所要求的教学目标。）

5.1　学习材料开发建议

① 引进行业标准、技术规范

② 编制运行规程

③ 编制检修规程

5.2 课程考核建议

<table>
<tr><th colspan="2">考核项目</th><th>考 核 内 容</th><th>得分</th></tr>
<tr><td rowspan="8">考核标准</td><td rowspan="4">职业素养(30分)</td><td>(1)出勤情况满分10分:应出勤　天,未出勤　天,迟到　次</td><td></td></tr>
<tr><td>(2)遵守企业劳动制度情况满分10分:违反制度规定　次</td><td></td></tr>
<tr><td>(3)团结协作情况满分5分:
①有团队协作精神,与同事(同学)协同工作好,得5分
②团队协作精神一般,与同事(同学)发生口角或争执次,得1—4分
③团队协作精神差,经常与同事(同学)发生口角或争执,得0分</td><td></td></tr>
<tr><td>(4)工作态度满分5分:
①工作主动性强,自觉接受并出色完成分配的工作任务,得4—5分
②工作态度一般,基本完成分配的工作任务,拒接任务　次,得1—3分
③工作态度不好,厌恶工作,经常拒接工作任务,得0分</td><td></td></tr>
<tr><td rowspan="2">职业技能(20分)</td><td>(5)工作过程分析能力和管理创新能力满分10分:由指导教师根据学生表现情况打分</td><td></td></tr>
<tr><td>(6)工作日志10分:应写工作日志　天,实写工作日志　天</td><td></td></tr>
<tr><td rowspan="2">综合能力(50分)</td><td>(7)所学专业知识的实际运用情况满分20分:根据巡查了解情况打分</td><td></td></tr>
<tr><td>(8)实习报告撰写情况30分:根据学生报告质量打分</td><td></td></tr>
</table>

成绩考核分为两个部分。一是校外指导教师对学生的考核,占总成绩的50%;二是校内指导教师对学生进行综合评价,占总成绩的50%。

(1)校外指导教师对学生的考核

学生的顶岗实训过程可以在同一单位不同岗位间进行轮换,实习单位应对学生在每一岗位上的表现情况进行考核，考核的重点在于学生岗位职业素养、职业技能。

（2）校内指导教师对学生的考核

校内指导教师要对学生在各实习期间的专业知识运用情况、实习报告完成情况等综合能力进行考核。通过定期到学生实习单位巡查，了解学生工作学习、专业知识运用及实习任务的完成情况，必要时可对学生进行考查（笔试或口试）。并对学生的实习报告进行评审，然后综合评定成绩。

实习报告是学生整个实习工作的全面汇报，字数不少于3000字，应由指导教师签字确认并加盖单位公章，它反映了学生实习的深度和质量，同时也反映了学生的归纳和分析问题的能力，是顶岗实习期间考核成绩的重要依据。

5.3 师资配备建议

（1）根据学生实际情况每10～15名学生配备一名校内指导教师和校外指导；

（2）要求在校专职教师具有双师职业资格。

6 其他

（1）本标准从2012年起执行。

（2）本标准允许按照不同专业具体要求做内容的选择和课时调整（浮动范围小于10%）。

第三篇 电厂热能动力装置专业实训室建设标准

一 火电仿真实训基地建设标准

适用专业：电厂热能动力装置专业
编 制 人：余长军
修 订 人：朱志，余长军
审 定 人：王向阳，黄蔚雯
制定时间：2012.8（修订时间：2013.5.8）

1 实训基地建设依据

国家级高等职业教育骨干院校特色依据为目标行业内国际火电发展状况。

2 实训室建设原则

（1）先进性。实训室建设标准的起点要高。

（2）实用性。要密切结合专业建设标准，与专业人才培养方案要求相吻合，在提高实训开出率的同时，着眼于提高综合性、设计性、创新性实训的比例。要以体现实训室建设的效益为目标，提高实训室的利用率。

（3）前瞻性。要充分考虑学科的发展和专业规模的发展。专业实训室建设要努力营造特色（突出专业培养特色，体现学校办学特色）。

（4）要充分考虑校内资源共享，避免重复建设。

3 实训室建设目的和意义

随着我国电力系统建设的不断发展以及国家节能减排政策的迫切要求，我国燃煤火电机组的建设已逐步的向着大容量、高参数的机组发展，各地近年来新核准建设的燃煤火电机组单机容量基本上都在600MW以上,且大多数新建的火电机组项目均是以"上大压下"的模式建设的,而随着燃煤火力发电的技术不断进步,单台机组容量为1000MW的超超临界机组由于其容量大,参数高,能在很大程度上降低煤耗和减少排放,故1000MW超超临界火电机组的建设也越来越多且越来越受到重视。

超超临界火电机组,燃煤发电是通过产生高温高压的水蒸气来推动汽轮机发电的,蒸汽的温度和压力越高,发电的效率就越高。超超临界机组具有煤耗低、环保性能好、技术含量高的特点,机组热效率能够达到45%左右。节煤是超超临界技术的最大优势,它比国内现有最先进的超临界机组的热效率提高2%到3%。以热效率提高1%计算,对一台30万千瓦的火电机组来说,一年就可以节约6000吨优质煤。超超临界机组发展的方向是在保持其可用率、可靠性、运行灵活性和机组寿命等的同时,进一步提高蒸汽参数,从而获得更高的效率和环保性能。

在全国范围内新装机组中,超超临界机组的比例明显增加,随着火力发电建设的跨越式发展,在不久的将来,也会全面建设1000MW超超临界火电机组。电力行业对超超临界机组运行人员培训的会有一个良好的前景。为了适应电力生产发展对火电岗位培训的需求,满足在岗火电厂运行人员岗位培训的需要,建设超超临界火电机组仿真机已成为进一步发展需要。

而超超临界机组由于其大容量、高参数的工作特性,对运行人员的岗位操作技能水平要求不断提高,所以,对运行人员进行相应的岗位运行职业技能培训就显得尤其重要。

在对运行人员进行培训的各种手段中,以实际超超临界火电机组为参考对象进行1∶1开发的全范围仿真机由于其与现场实际操作情境的高度逼真性,就成为了最佳的岗位运行技能培训平台。

自20世纪80年代末至今,我国的仿真技术获得了极大的发展。在电力系统中,应用较多的培训仿真系统有电厂仿真、电网运行工况仿真和变电站仿真等。一般说来,凡是需要有一个或一组熟练人员进行操作、控制、管理与决策的实际系统,都需要对这些人员进行培训、教育与培养。早期的培训大都是经过理论讲解和现场实习,通过实际操作经验的积累来完成的,这种培训方式因是在实际运行的系统上进行操作,不仅培训成本高、培训时间长,而且有些故障只能在实际发生时才能得到实际操作的机会,致使一部分知识只有感性认识,得不到实际操作的锻炼。随着系统规模的加大、复杂程度的提高,特别是造价日益昂贵,训练时因操作不当引起的破坏而带来的损失大大增加,因此,提高系统运行安全性、可靠性事关重大。为解决这些问题,出现了培训仿真系统,模拟实际系统的工作状况和运行环境，以避免运用实际系统时可能带来的危险性及高昂的代价。

电厂培训仿真系统集仿真技术、图形图像技术、数据库等技术于一体，依据电厂电力设备实物进行设计，如主控室、控制屏及设备连接状况，可在模拟设备上进行相应操作，采用鼠标点击的操作方式，简单、直观、易学。这种方式使运行人员的培训手段大大更新，提高了培训效率，缩短了培训周期。也进一步提高了运行人员的正确判断和处理事故的能力，防止事故扩大化和缩短事故处理时间，从而确保系统安全、可靠、经济运行。

由于超超临界机组在电力系统中扮演着极其重要的地位，故其操作的安全性以及出现事故后处理的及时性及正确性就成为了决定其能安全稳定运行的关键因素，所以对相关运行、检修以及管理人员等在相应的1:1全范围仿真系统上进行针对性的培训就显得非常重要。

鉴于以上情况，建设火电机组仿真实训基地就能达到对电厂运行人员及学校学生进行高逼真度的仿真实训，从而提高运行人员及学员的实际操作以及事故处理的技能。

火电机组仿真系统可实现对参考机组11全范围仿真，模拟机、炉、电、热控、脱硫、等系统及设备的运行和调节特性；真实反映机组故障的现象及处理过程的动态响应。利用该仿真系统可对电厂运行人员进行火电机组启停、正常运行和故障处理等全方位培训，以使受训学员了解其运行特性，并可结合机组实际工况，分析运行方式，制定反事故措施。除此之外，仿真实训系统还能对控制专业人员进行培训，能利用仿真系统对实际的控制策略进行分析研究，在一定程度上还可以指导实际机组的运行。

4 实训基地建设目标

火电机组的全范围仿真系统的建立可以为相应实际火电机组培养输送高素质、高技能人才，使参培人员熟练、正确地掌握机组在各种条件下监视操作技术。培养和提高被培训人员正确判断，排除各种事故的应急能力以及轮岗、上岗培训。从而能大大地避免在实际运行操作中发生因运行人员技术能力素质不够而发生的各种事故，避免了因此而产生的各种损失，也即能产生直接的经济效益。

学生通过仿真实训可以大大提升实践技能。这为学生的就业奠定了良好的基础，畅通了学生就业渠道，同时也满足了企业对人才的需求，最终提升了我校的社会效益和经济效益。

5　实训功能

火电仿真机是利用计算机仿真技术进行培训的设备。发电设备数学模型计算机提供实时数据，配合部分或全部真实控制台屏或表示监控台屏的屏幕显示(CRT)画面，演示与真实情况相同的电力设备各种运行方式的状态，包括启动、正常运行、停机和事故情况下的状态，可以满足各种目的的培训要求。目前，培训仿真机已广泛用于培训操作人员和工程技术及管理人员，提高他们的监控能力和运行技术水平。

仿真机系统主要针对在校学生和在岗运行人员培训，要具有以下功能：

5.1　运行人员培训

由于DCS的应用，机组运行人员的操作减少而导致对机组操作的生疏感，使得在遇到紧急情况时无法迅速正确处理。所以，对他们而言，利用仿真机进行定期的仿真培训并非不重要了，而是更加必要了。因此，仿真机功能应包括启停操作、事故处理、自动考评等功能。

5.2　热控人员培训

真实的DCS仿真模型：DCS仿真模型能够对实际DCS系统进行完全的仿真。只有这样，才能使热控人员对实际DCS系统进行充分的了解和认识，并通过培训熟练掌握DCS的运行与组态。

5.3　系统调试与优化

6　实训室基地建设的要求

6.1　主要技术指标

(1)全部为软仿真；

(2)计算机主机在视窗操作系统支撑系统下建立火电机组设备及控制系统数学模型，并进行数据管理及接口通讯；

(3)采用百兆局域网络；

(4)建立DCS操作员站界面仿真软件，就地操作站界面仿真软件，虚拟盘台操作站界面仿真软件、多媒体环境仿真软件等客户端软件与主机中的数学模型通过以太网进行数据交换，从而构成实时动态的全范围仿真实训系统；

(5)采用计算机技术、投影设备、虚拟现实技术，营造良好的培训环境；

(6)实现自动培训考核电厂运行和管理人员及其他辅助培训功能。

6.2　实训环境设置

按照一个教学班级(50人)教学要求配置。

(1)学生机兼教练员站、工程师站50台,教师机2台

配置要求:按照仿真支撑软件供应商的要求配置。

(2)服务器:根据仿真支撑软件供应商的要求配置。

(3)按照一体化教学要求:可以配置大屏幕投影仪、中控音响等教学设施。

可以实现一机多模的全范围火电机组仿真机,即采用一套硬件设备、多套火电机组软件模型的形式,以现在多内火电机组的实际情况:可以选择600MW超临界和CFB机组两套软件模型为主,然后根据学校所地区的情况选择1000MW超超临界、生物质或者脱硫等模型。

所选仿真系统不但能仿真实际机组主控制室的操作、显示,也必须包括一些必要的就地操作系统。仿真机能可以方便地在多套模型机组之间进行切换,分别对不同机组的学生、运行人员提供实训。

在进行教学教学组织时,可以根据需要对学生进行分组训练,互相不能影响,要求分组数量不受限制,可以一人组或者多人一组。

① 机组正常运行

仿真机应能连续、实时地仿真机组的正常运行工况,学生在仿真机上的操作与学生在参比机组上的操作是一样的,仿真机上的显示和报警与参比机组上的显示和报警是一样的。仿真机必须建立从零负荷到最大负荷连续的全物理过程数学模型。

② 机组暂态运行

暂态运行期间,仿真机显示的参数变化应与参比机组的变化规律相一致。一切现象应是合理的,应遵守质量和能量守恒定律,所有的报警和指示应与参比机组一致,且满足验收精度要求。

③ 故障模拟功能

●仿真机不仅能对教师台设置的故障作出合理的反应,而且能对自然发生的故障、由于操作和调节不当引发的故障作出合理的反应。

●仿真机应能实时地模拟各种设备或系统的故障,故障的发展过程应与参比机组相一致,故障是通过教师台的故障设置功能设置的。

●仿真机应能模拟300个及以上故障(不包括自然发生的故障和由于操作调节不当引发的故障),故障触发时间可任意选择,故障触发条件可任意选择,故障程度在0～100%范围内可调(如:堵、漏程度),故障可单独设置,也可成组设置,成组设置故障数目不限。

●仿真机提供的故障程度可变故障,如凝汽器泄漏,锅炉给水泵速度失控,凝汽器真空降低,调节振荡等,所有故障应能够在一段时间内根据教师预定的幅度增加或降低故障程度。

●由教师台超控功能实现的仿真控制盘、DCS操作员台所有操作、指示、报警等的失效不属于故障。

●有些故障教师设置后，操作员进行一系列正确处理后可以消除故障，那么在操作员处理后故障应消失，教师台的当前有效故障清单中应不再显示，除非教师重新设置。

●由于教师设置了故障，系统处在故障状态下运行，当教师取消故障后，系统应维持消除前的状态让学生继续处理直至恢复正常状态，不应当教师消除故障时系统立即恢复正常，如教师设置某阀门关闭故障，在教师消除故障后，阀门不应自动开启，而应由学生去开启。

④ 教师台功能

●启动/停止：教师可以通过控制教师台的按钮或功能键方便迅速地启/停仿真机的实训功能。

●运行/冻结：允许教师在必要时中止正在执行的电站模型运算，使之处于冻结状态。当再次投入运行时，可解除冻结状态。冻结功能的开始是使所有状态仿真停止，冻结时刻存在的所有状态保持不变。该冻结功能应允许教师在仿真机运行的任何时刻冻结。当教师解除冻结，仿真机继续动态仿真。

●加速/减速：仿真机应能以实时、快速和慢速方式运行，教师应能加快或减慢动态模拟和控制系统的速度，速度可以比实时快和慢。仿真机可以整体加速和减速，也可以局部加速和减速。

●初始状态：仿真机应拥有100个以上初始状态。

●存储：用该功能存储初始状态，应允许仿真机运行过程中任何时间点上做存储操作。每次存储应在较短时间内完成，以保证做快存操作不影响仿真机的实时运行和存储起来的所有数据的时间一致性。

●返回、记录/重演：应能在磁盘上储存主要近期返回记录，记录之间的时间间隔应由教师选择，当仿真机处于冻结状态时则不储存记录。记录的时间间隔为10～240秒。每个返回记录储存时，在返回综合表上显示各个记录的时刻和时钟时间。教师应能在1000秒到400分钟之间选择返回时间。

●记录/重演：重演功能用于重现过去某段时间对仿真机进行的操作，它是通过将开关量和模拟量输入变化按返回追踪记录率记录到记录/重演文件内，记录/重演磁盘文件只含发生变化的输入。

●监视变量：允许教师全部仿真变量进行连续的在线监视。

●故障选择：利用教师台选择故障。利用教师台选择故障触发时间，以每秒为最小单位、以小时为最大单位递增（当系统处于冻结状态时，延迟计时停止）。利用教师台选择故障触发条件。利用教师台可对程度可变故障设置在一段时间内预定的增加或降低程度。用教师台可对故障进行单独设置,也可进行成组设置,成组设置故障数目不限。利用教师台可以清除单一故障,也可清除全部故障

●外部参数:教师应可以在教师台上控制电厂的外部参数,即修改被仿真的控制室以外的条件,外部参数的设置能力应不少于50个。

⑤ DCS操作员台功能

DCS操作员台应和参比机组相一致,操作、显示等与参比机组操作员台相同,画面可无级缩放,应能正确反映各种工况下机组的运行状态,操作方法和效果与参比机组一致。

⑥ 就地操作台功能

●按锅炉、汽机、电气三个专业进行画面分组(就地图库,预留用户图库接口)。

●根据系统设置画面,当系统大,操作量多时可设置多个画面。

●可操作点分为两类,即开关量和模拟量,对开关量,设备的颜色的改变就表示其状态的改变(如红色表示开、绿色表示关);对模拟量,要表示出开度的大小(0～100%)。

●对可操作设备操作后,设备状态变化所需的时间应小于0.5秒。

●就地操作项目设置的原则是:能够在就地台上完成运行规程中规定的所有就地操作及机组在异常或故障状态下必须进行的就地操作。

7 师资队伍

为了更加深入地掌握、维护和进一步完善仿真实训系统,要求教师及相关技术人员不但熟练掌握和使用仿真实训系统,还应达到根据实际电网、变电站、电厂等的变化进而对仿真实训系统进行完善、升级、改造,对实训评价考核系统等进行不断完善和充实的能力。

7.1 技术人员

根据仿真系统建设情况,对技术人员进行一下内容的集中培训:操作系统、仿真支撑系统的原理、结构、操作及维护;软件组态;实时实培训系统、实训评价考核系统的开发、维护;课件制作;数据库生成、连接和维护;集控运行、巡视等画面和动画的制作、组态;仿真实训系统启、停操作;计算机硬件维护、检查测试、查找故障的方法;数据通讯系统的基本原理、通讯协议和接口;其他有关内容。

7.2 专业教师

根据仿真实训教学要求,对专业教师进行一下内容的集中培训:

仿真实训系统硬、软件原理;仿真实训系统支持系统软件结构、工作原理;

仿真实训系统和所有应用软件功能使用；电厂模型等算法的原理；实时实训系统、实训评价考核系统的开发、维护；课件的制作；集控室、巡视等画面制作、组态；仿真实训系统启、停操作；模型技术培训，包括算法、建模原理、建模方法及实际建模等仿真实训系统开发技术；其他必要培训项目。

8　仿真考核实施

8.1　考核原则

(1)机组的启停及正常监视调整的考核

机组的冷态启、停操作及监视调整旨在考查学员对整个机组的了解程度，反映学员对机组各系统、设备的熟悉程度，反映学员对机组运行规程、运行参数、设备启停条件、热控系统原理、机组保护设置等实际技能的掌握情况，反映学员能否进行正常的监视与调整，以维护机组的安全、稳定运行。要求学生掌握机组冷态启、停的特点和要求，各种参数下的启动和停仉都要严格按照参考曲线控制。熟练、准确、无误地进行机组的各项操作。各参数控制符合机组规程要求。对启动过程中可能出现的异常情况，能采取有效的处理措施予以消除。

(2)事故处理的考核

事故处理考核能全面反映学员在异常运行或发生事故情况的应变能力，包括对故障现象的观察、故障原因的分析、故障的正确处理、按规定进行联系、请示、汇报等。要求学员能依照事故处理原则，根据事故的现象，正确判断故障的性质和范围，进行正确、果断的处理，防止事故的扩大，保证整个机组的安全运行。

8.2　考核要求

8.2.1　机组的启停及正常监视调整的考核

(1)严格按规程规定进行操作，系统设备启动顺序、操作步骤正确无误、操作无漏项；

(2)操作应熟练，参数调整方法应正确得当，主要参数匹配，启动曲线比较平滑；

(3)炉、机、电操作配合主动、协调；

(4)操作票、运行记录应填写正确、清楚；

(5)锅炉应掌握的监视点：燃料量、炉膛负压、汽包水位、给水流量、出口主蒸汽及再热蒸汽压力和温度、发电机功率等；

(6)汽机应掌握的监视点：入口主蒸汽及再热蒸汽压力和温度、蒸汽流量、凝结水流量、调门开度、除氧器、凝汽器水位、给水流量、温度、发电机有功功率等；

(7)电气应掌握的监视点：发电机有功、发电机无功、发电机电压、发电机电流、励磁电压、励磁电流、发电机变压器温度等。

8.2.2 事故处理的考核

(1)能独立、迅速地判断故障,做到准确无误;

(2)处理故障果断,思路清晰;

(3)考察整体协调配合能力;

(4)严格控制各运行参数不能超过最大允许范围;

(5)处理过程严格按事故处理原则进行,不得造成事故扩大;

(6)全部处理操作符合安全规程及运行操作规程。

8.2.3 考核

(1)采用综合评价确定学生学习成绩

综合评价包括三个方面:

① 综合考试评价及方式:机试与笔试

② 教学过程考核评价

③ 集中实训结果考核评价

课程总成绩形成方式:综合考核评价占30%;教学过程评价占30%,综合考试成绩占40%。

本课程采用有针对性的考核形式,适当采用多次考核和分类考核。考核内容由课程标准内容而定,考题有开放性、情景性,教学过程保留各学习情境测验成绩单,包含工作质量、个人素质和能力的评价表等原始考核材料,具体考核形式多样化,采用笔试、口试、情景测验、讨论、案例分析等形式。大体可以分成两大部分:过程考核评价和结果考核评价。同时建立学生仿真学习档案、操作记录、集体讨论评价记录。

过程考核评价,实训各阶段需制定如下考核评估表:实训专题报告效益评估表。实训实践效果评估表。实训组织效果评估表。每次活动后,把考核评估表发给每位学生,按优、良、及格与不及格进行无记名打分,有专人进行收集整理,建立数据资料库。

集中实训结果考核评价,作为重要的电力生产企业火力发电厂,对运行要求非常严格,学习考核评价要非常严格,要求对全冷态启动的学习评价应该严格按照评分标准来执行。学习评价的主要目的是为了全面了解学生学习情况,过程是非常重要的因素,因此对运行调整采用过程评价体系,包括任务完成评价,操作过程曲线评价,同学之间相互评价等。火电仿真实训评价操作评分细则如表4所示。

(2)考核题库

根据机组运行,建立一套标准题库。

题目类型包括操作题和事故处理提,每一题包括详细的操作要点和得分点。

考试过程,采用随机抽屉。

二　阀门检修实训室建设标准

适用专业：电厂热能动力装置专业

编制人：王磊

审定人：王向阳

制定时间：2013.5.8

1　建设思路

本标准依据职业岗位标准和专业教学标准，通过分析电力行业企业发展现状与人才需求，结合国家和行业内专业技术标准、工作标准和管理标准，促进本专业的岗位技能转向培养．本实训室面向电厂热能动力装置学生开展实训教学，总体建设思路是，通过配备满足专业培养实训要求的实训设备，优质有效的师资力量，完成专业的相关实训教学任务。

实训室开展的具体项目是阀门检修，包括使用工具对阀门进行解体、组装，用正确的工艺研磨阀门，用正确的工艺更换盘根以及阀门水压试验。首先老师使用多媒体课件结合阀门实物进行讲解，然后采用任务教学法，以截止阀为载体，每人一台阀门，独立完成阀门的解体、研磨、更换盘根、组装、水压试验等工作过程。需要的实训设备有：一套多媒体教学设备、若干套截止阀拆装设备、一套水压试验设备等。在师资力量方面，既需要具有扎实理论基础和实践能力的专职教师，也需要来自企业一线的专家或技术能手的兼职教师。

2　建设目标

阀门检修实训室建成后能满足电厂热能动力装置和核电站动力装置专业学生关于阀门检修的实训，也可以用于管阀检修工技能鉴定，还能对电厂检修人员进行培训和考核。

3　实训功能

本实训室的建设主要是为了满足热能动力装置和核电站动力装置专业学生掌握阀门检修相关技能的教学任务，根据两个专业的培养方案以及企业相关工作岗位的要求，实训功能为：通过对截止阀进行拆解、研磨、组装和水压试验等操作技能训练，使学生了解普通阀门的结构及各部件的作用；能正确使用工具对阀门进行解体、组装；能用正确的工艺研磨阀门及更换盘根；能准确、快速地对阀门进行水压试验。通过对截止阀的拆装、研磨和更换盘根,使学生掌握管阀检修工必备的基本技能。

4 实训设备

实训时,要保证每人一台截止阀,独立完成实训任务。

序号	主要设备名称	计量单位	数量
1	多媒体教学设备	套	1
2	截止阀	台	44
3	台虎钳	个	44
4	平板	个	44
5	试压泵	台	2
6	扳手	把	44
7	管子钳	把	44
8	盘根钩	个	44

5 教学资源

为出色完成本实训教学,应配备相关的教材和指导书,还应制作功能强大的多媒体软件,比如演示几种常用阀门如何拆装的动画,实训室还应配有几种常见阀门的实体模型,供学生观察和学习。

6 师资条件

本课程的教师由专职教师和兼职教师共同组成:

(1)来自本院的专职教师,其师德、学历和教学水平均符合“高等学校教师任职资格”要求,具有本专业课程的理论和实践能力。

(2)聘请的兼职教师,应来自企业一线专家或技术能手,长期在发电企业从事热力设备检修专业技术工作,具备一定的专业理论水平、扎实的专业技能和良好的语言表达能力。

7 考核方式

学生的实训成绩由三部分组成,一是平时的出勤率、上课态度等基本职业素质，二是学生实训完成的结果如何，三是实习报告的完成情况。具体情况如下表。

考核内容	素质考核	专业能力考核	实习报告
分值比例%	20	60	20
考评实施	指导教师根据学生表现进行评分。	指导教师根据学生操作过程和完成任务质量进行考。	根据实习报告的完成情况，内容是否完整。

第四篇 电厂热能动力装置专业岗位职业资格取证标准

一 电厂集控值班员职业资格取证标准

适用专业:电厂热能动力装置专业,集控运行专业
编 制 人:魏佳佳,朱志
审 定 人:王向阳,夏艾贤
制定时间:2013.5.8

1 制订依据

本标准依据职业岗位标准和专业教学标准,通过分析电力行业企业发展现状与人才需求,剖析职业岗位素能要求,从而实现职业技能的内涵与职业岗位无缝对接,实现职前教育和职后培训的无缝对接。

2 主要内容与适应范围

本标准规定了电厂集控值班员(中级、高级)岗位的培训内容与要求和取证考核标准。

本标准适用于电厂集控值班员(中级、高级)岗位的培训和取证工作。

3 规范性引用文件

电厂集控值班员《国家职业技能鉴定规范》

4 培训教师

4.1 任职条件:

具有良好的职业道德。具有良好的指导本工种教学的经验和较好的表达能力。熟悉锅炉、汽轮机、电气、输煤、化水、热控等工种的专业理论和操作技能。能正确、规范、熟练地进行操作示范。善于启发、组织学生专注学习、独立钻研。能指导并有效地控制学生的操作行为。

4.2　任职资格：

具有中级以上专业技术职称的工程技术人员和高级工、技师，并经师资培训取得资格证书，可担任中、高级培训教师。

5　培训场地和设备

5.1　具有基本技能训练的实习场所，拥有集教学、培训、技能鉴定等功能于一体的火电仿真实训基地。

硬件要求：计算机、投影设备

软件要求：拥有符合就业去向和现场岗位需求的仿真操作系统，包括多套不同容量、不同参数的仿真系统。至少包括600MW超临界系统、300MW亚临界系统。

5.2　具有实际操作训练场所，如定点培训或实习的典型火电厂。

6　培训项目

6.1　培训目的

通过培训达到《职业技能鉴定规范》对本职业的知识和技能要求。

6.2　培训方式

实训基地培训与现场培训相结合。

实训基地培训：由专兼职教师在仿真实训基地，按照培训标准和教学计划，对学生进行集中培训，包括理论培训、专题讲座等以及在离线设备或仿真设备上进行的技能培训。

现场培训：学生在企业兼职教师的指导下，通过生产实践，实现现场技能培训。

6.3　培训重点

汽轮机、锅炉、发电机及其辅助系统设备的结构原理及系统布置。

主机及辅助设备的电气及热工保护配置及原理。

机组冷态、热态启动操作。

机组正常方式停机、滑参数停机操作。

机组运行中的检查、操作调整。

典型事故的判断、原因分析处理。

机组启、停及运行过程中的试验。

7　培训大纲

本职业技能培训大纲，以模块组合(MES)—模块(MU)—学习单元(LE)的结构模式进行编写(见表1)；职业技能模块及学习单元对照选择表见表2。

表1 电厂集控值班员培训大纲

模块名称	单元名称	学习目标	学习内容	参考学时
MUI 发电厂运行人员的职业道德	LE1 发电厂运行人员的职业道德	通过本单元的学习,掌握发电厂运行人员职业道德的特点、职业道德的特点、职业道德与企业发展的关系、职业态度、职业道德规范,并自觉遵守职业道德	(1)热爱祖国,热爱本职工作; (2)刻苦学习,钻研技术; (3)爱护设备、工具; (4)遵章守纪,安全文明; (5)尊师爱徒,严守岗位职责,团结协作	2
MU2 消防与安全	LE2 紧急救护	通过本单元的学习,掌握发电厂紧急救护方面的知识	(1)烧伤、烫伤等急救处理; (2)触电急救处理	3
	LE3 消防与安全	通过本单元的学习,掌握发电厂消防、安全知识	(1)正确进行火情报警; (2)使用现场消防器材进行灭火; (3)正确判明现场火情情况,组织人员进行灭火	2
	LE4 电业安全知识	通过本单元的学习,掌握发电厂的电业安全知识	(1)安全用电的基本知识; (2)消防器材的种类、适用范围及使用方法; (3)煤粉、燃油、氢气等易燃、易爆品的防火防爆知识	4
	LE5 规程制度	通过本单元的学习,掌握发电厂各项规程制度	(1)《电力工业技术管理法规》; (2)《电业生产安全工作规程》; (3)《电业生产事故调查规程》; (4)《电力设备典型消防规程》; (5)《发电厂检修规程》; (6)《防止电力生产重大事故的二十五项重点要求》; (7)本岗位工作标准及运行项管理制度	4
	LE6 管理知识	通过本单元的学习,掌握管理方面的基本知识	(1)发电厂生产技术管理的基本知识; (2)班组管理的基本内容和要求; (3)运行标准化管理内容	3
	LE7 安全工器具的使用	通过本单元的学习,掌握发电厂常用工器具的使用方法	(1)各类工器具的用途及定期试验周期; (2)掌握绝缘由电阻表、绝缘手套、卡表、万用表、测振表、测温仪、听针、呼吸器、防毒面具等的使用方法	3

（续表）

模块名称	单元名称	学习目标	学习内容	参考学时
MU3 汽轮机、锅炉、发电机冷态启动检查、试验和操作	LE8 主机的型号、形式、结构及原理	通过本单元的学习，掌握机组主要设备的结构及原理	(1)锅炉、汽轮机、发电机、变压器的结构特点及技术规范；(2)锅炉燃烧理论及燃烧过程的计算；(3)锅炉正、反平衡的计算方法及提高效率的途径；(4)汽轮机热效率的计算方法及提高汽轮机效率的途径；(5)运行参数的范围及其超限对设备的危害	14
	LE9 主机保护配置及原理	通过本单元的学习，掌握主机保护的配置及原理	(1)主机热工测点的位置及布置原则；(2)锅炉灭火保护系统的基本原理；(3)汽轮机调节系统及远方跳闸系统、机炉协调控制系统的基本原理；(4)发电机变压器组保护的配置、原理	15
MU3 汽轮机、锅炉、发电机冷态启动检查、试验和操作	LE10 锅炉启动操作	通过本单元的学习，掌握锅炉启动操作的基本方法	(1)辅助系统启动前的检查调整及启动操作；(2)锅炉点火、升温升压的操作；(3)机组启动状态的划分有启动参数的选择依据；(4)在机组启动过程中，能按化学监督要求进行汽水品质的调整；(5)滑参数启动；(6)锅炉升负荷及制粉系统启动和停运；(7)机组启动过程中各辅助设备及自动控制装置的投运操作	16
	LE11 汽轮机启动操作	通过本单元的学习，掌握汽轮机启动操作的基本方法	(1)辅助设备及系统启动前的检查调整及启动操作；(2)机组启动状态的划分及启动参数的选择依据；(3)确定汽轮机冷态、温态启动暖机时间；(4)汽轮机冲转升速及发电机带负荷操作；(5)在机组启动过程中能进行水泵等设备的并列、切换操作；(6)分析和解决启动过程中出现出现的异常情况，掌握热应力、热膨胀、振动、差胀的控制方法	

（续表）

模块名称	单元名称	学习目标	学习内容	参考学时
MU3 汽轮机、锅炉、发电机冷态启动检查、试验和操作	LE12 发电机启动操作	通过本单元的学习，掌握发电机并网、保护投撤、厂用电切换等操作	(1)发电机变压器组系统改热备操作； (2)发电机变压器组自动准同期并网操作； (3)发电机变压器组手动准同期并网操作； (4)厂用电切换； (5)发电机运行参数	14
MU4 汽轮机、锅炉、发电机辅助系统和设备的启停操作	LE13 机组辅助设备的规范、性能、结构和原理	通过本单元的学习，掌握机组辅助设备的基本结构及原理	机组所有辅助设备的技术规范、结构、性能及工作原理	12
	LE14 全厂全面性热力系统及电气一次系统的布置特点及运行方式	通过本单元的学习，掌握全厂热力系统及电气系统的接线方式	(1)电厂一次系统、厂用电系统的接线方式； (2)全厂全面性热力系统和分用系统的布置特点及接线方式； (3)直流系统的接线及运行方式	13
	LE15 机组辅助设备的启停操作	通过本单元的学习，掌握机组辅助设备的启停操作	(1)机组启停过程中所有辅助设备及系统的启动顺序及操作方法； (2)机组辅助设备的热工及电力保护配置； (3)机组辅助设备及系统自动调节装置的类型、作用、原理及使用方法	14
	LE16 UPS系统	通过本单元的学习，掌握UPS不停电电源的原理、作用及运行注意事项	(1)UPS系统接线方式； (2)UPS系统的负荷配置； (3)UPS失电情况下的事故处理	4
MU5 机组热态启动	LE17 机组热态启动操作	通过本单元的学习，掌握机组热态启动的方式及注意事项	(1)机组启动状态的划分以及启动参数的选择依据； (2)确定汽轮机冷态、温态、热态启动暖机时间； (3)掌握锅炉升温、升压率、汽轮机升速率的确定； (4)掌握热态启动过程中机组热应力、热膨胀、振动、差胀的影响因素及控制方法	12

（续表）

模块名称	单元名称	学习目标	学习内容	参考学时
MU6 机组运行调整操作	LE18 机组各主要运行参数变化的分析和调整	通过本单元的学习，掌握机组运行调整的基本方法	(1)机组主要运行参数变化的分析和市政整，发汽包水位、炉膛夺力、气温、汽压、发电机负荷、发电机电压等； (2)掌握锅炉气温和燃烧特性，熟练进行气温和燃烧调整； (3)在变工况下机组各自动控制系统的响应过程及特性	19
	LE19 辅助设备的解、并列操作	通过本单元的学习，掌握机组主要辅助设备的解、并列操作	(1)正确进行电气、热机操作票的填写并执行； (2)进行主要辅助设备的解、并列操作如水泵切换、锅炉风机启停等； (3)掌握防止水泵汽蚀、风机喘振的方法	19
MU7 机组正常停机操作	LE20 锅炉正常参数停炉操作	通过本单元的学习，掌握正常停炉的操作方法	(1)停炉前的准备工作； (2)机组负荷下降速率的控制； (3)锅炉气温、汽太的调整，维持正常参数； (4)锅炉停炉冷却操作	8
	LE21 汽轮机正常参数停机操作	通过本单元的学习，掌握汽轮机正常停机的操作方法	(1)停机前的准备工作； (2)不同方式停机的目的、要求和特点； (3)进行停机全过程的各项操作，包括汽轮机真空破坏及转子停转后的工作	8
	LE22 发电机正常降负荷及解列过程中的各项操作	通过本单元的学习，掌握发电机降负荷解列过程中的各项操作	(1)发电机停机前的准备工作； (2)停机过程中的各项操作，包括减负荷、厂用电切换、发电机解列及解列后的工作	8
	LE23 锅炉滑参数停炉操作	通过本单元的学习，掌握锅炉滑参数停炉操作	(1)机组降负荷速率的控制； (2)锅炉降温速率及气温、汽压调整； (3)滑参数停炉过程中的注意事项	8
	LE24 汽轮机滑参数停机操作	通过本单元的学习，掌握汽轮机滑参数停机操作	(1)滑参数停机前的准备工作； (2)滑参数停机全过程的操作； (3)滑参数停机过程中的注意事项	8

（续表）

模块名称	单元名称	学习目标	学习内容	参考学时
MU8 机组故障停机操作	LE25 锅炉紧急停炉	通过本单元的学习，掌握锅炉紧急停炉操作，将锅炉安全的停运	(1)锅炉紧急停炉条件； (2)锅炉紧急停炉操作	6
	LE26 锅炉申请停炉	通过本单元的学习，正确掌握锅炉申请停炉操作	(1)锅炉申请停炉条件； (2)锅炉申请停炉操作	6
	LE27 汽轮机紧急停机	通过本单元的学习，掌握汽轮机紧急停运条件，将汽轮机安全运停	(1)汽轮机申请停炉条件； (2)汽轮机申请停炉操作	6
	LE28 汽轮机申请停机	通过本单元的学习，正确掌握汽轮机申请停机操作	(1)汽轮机申请停机条件； (2)汽轮机申请停机操作	6
MU8 机组故障停机操作	LE29 发电机紧急停机	通过本单元的学习，掌握发电机紧急停机操作	(1)发电机紧急停机条件； (2)发电机紧急停机操作	6
	LE30 停机过程的异常处理	通过本单元学习，掌握停机过程中可能出现的异常的判断、处理	(1)停机全过程的各项操作； (2)判断处理停机过程中可能出现的各项异常情况（如差胀过大、盘车电机故障、气门不严、油系统故障、断路器拒运等）	6
	LE31 设备寿命管理	通过本单元的学习，掌握设备寿命管理方面的知识	(1)电厂常用钢材种类及适应温度的范围； (2)机组变负荷及启停过程速率的控制； (3)机组超温、超压对设备寿命的影响及控制； (4)汽车品质的标准及控制方法	10
MU9 机组正常运行的日常维护和试验操作	LE32 主机的维护和保养	通过本单元的学习，掌握主机维护、保养方面的知识	(1)进行机组正常运行中的日常维护工作； (2)掌握季节及气候的变化对机组运行的影响及采取的防范措施； (3)主机停役后的保养方法	10
	LE33 辅助设备及系统防冻、防腐	通过本单元的学习，掌握辅助设备及系统的防腐、防冻知识	(1)辅助设备停役后的防冻、防腐工作； (2)系统停役后的防冻、防腐工作	10

（续表）

模块名称	单元名称	学习目标	学习内容	参考学时
MU10 机组异常分析和处理	LE34 机组正常运行中参数异常的分析和判断处理	通过本单元的学习，能根据运行参数的变化，分析设备的异常情况	(1)机组主要运行参数的正常运行范围及限额；(2)机组主要运行参数的保护定值；(3)常用机组参数异常分析的方法；(4)对参数的异常变化，有针对性地进行处理	24
MU11 机组典型事故的分析、判断和处理	LE35 “锅炉缺水、满水，锅炉一、二次气温高，锅炉结渣、积灰、锅炉‘四管’泄漏，主要辅机跳闸，加热器故障”等常见事故的分析、判断和处理	通过本单元学习，掌握机组常见事故的分析、判断和处理	(1)机组常见事故的现象、原因、危害及处理方法；(2)锅炉缺水、满水、锅炉一、二气温高、锅炉结渣、积灰、锅炉“四管”泄漏、主要辅机跳闸、加热器故障等事故的分析、判断和处理	30
	LE36 机组主要辅机紧急停运的条件和	通过本单元的学习，掌握机组主要设备的紧急停运条件及方法	(1)机组主要辅机的紧急停运条件；(2)机组主要辅机停运后对机组运行方式的影响因素；(3)机组主要辅机的紧急停运操作	10
	LE37 循环水中断、系统振、厂用电失去、线路故障等复杂的综合性事故判断和处理	通过本单元的学习，掌握机组复杂的综合性事故的判断和处理	(1)循环水中断、系统振荡、厂用电失去、线路故障等复杂的综合性事故的现象、原因及判断和处理的方法；(2)组织指导人员正确进行机组的事故处理	20

（续表）

模块名称	单元名称	学习目标	学习内容	参考学时
MU12 机组大、小修后的验收和试运行	LE38 主、辅机连锁保护	通过本单元学习，掌握主、辅机的连锁保护	(1)机组横向连锁保护内容； (2)辅机连锁保护内容 3. 主辅设备连锁装置信号试验	6
	LE39 锅炉、汽轮机及发电机保护和试验确认	通过本单元的学习，掌握主机保护的试验确认方法	(1)主机保护配置及原理； (2)主机保护的试验方法； (3)主机保护试验应具备的条件、影响因素及注意事项	6
	LE40 主机启动状态的划分、参数选择、暖机时间的确定及解决启动过程中的异常	通过本单元的学习，系统掌握机组启动全过程	(1)主机启动状态的划分； (2)主机启动参数选择； (3)主机启动暖机时间的确定； (4)机组启动过程中主要参数的控制	6
	LE41 机组酸洗、冲管的操作	通过本单元的学习，掌握机组酸洗、冲管操作	(1)机组酸洗、冲管各应具备的条件； (2)酸洗、冲管操作 3. 酸洗、冲管后系统的恢复、启动	6
	LE42 机组启动过程中的各项试验	通过本单元的学习，掌握机组启动过程中各项试验的操作	(1)机组启动过程中应进行的试验项目； (2)机组各项试验应具备的条件； (3)各项试验的操作方法及注意事项，如油泵自启动试验、危急保安器注油试验、汽轮机超速试验、锅炉水压试验、安全门校验、锅炉水位试验、发电机气密性试验等； (4)正确处理试验过程中出现的异常情况	6
	LE43 机组大、小修后各辅助设备试运行及验收	通过本单元的学习，掌握机组大、小修后辅助设备试运行及验收工作	(1)机组大、小修后设备运行验收标准； (2)主机检修后投产前的检查、验收、空负荷、满负荷等各项试验； 3. 配合进行锅炉燃烧调整试验、汽轮机效率试验以及整个机组热效率试验，能分析处理试验数据，会编写一般性试验报告	6

（续表）

模块名称	单元名称	学习目标	学习内容	参考学时
MU13 机组的正常试验及维护工作	LE44 机组运行中的常规试验	通过本单元的学习，掌握机组运行中常规试验的操作	(1)机组运行中常规试验的项目、条件、安全注意事项； (2)机组运行中常规试验的操作方法，如气门活动试验，真空严密性试验，辅机的热工、电气连锁保护试验，抽汽逆止门活动试验等	18
	LE45 定期工作	通过本单元的学习，掌握机组定期工作的操作方法	(1)定期工作的内容； (2)定期工作的操作方法； (3)针对定期工作中发现的问题，及时处理	6
MU14 发电厂经济指标分析	LE46 发电厂经济指标分析、计算	通过本单元的学习，掌握发电厂经济指标的分析、计算方法	(1)发电厂主要经济指标； (2)汽轮机、锅炉运行小指标； (3)发电煤耗偏差分析	12
MU15 发电厂术靠性管理	LE47 发电厂可靠性管理	通过本单元的学习，掌握发电厂主、辅设备可靠性管理，制订安全技术措施，降低非计划停运，提高发电设备可靠性	(1)发电厂可靠性管理一般知识； (2)主、辅机可靠性管理统计内容； (3)发电厂设备异常情况分析	4
MU16 电力行业规程、标准	LE48 汽轮机、锅炉及发电机专业行业标准	通过本单元的学习，掌握汽轮机、锅炉及发电机专业行业标准的有关内容，结合格岗位实际贯彻执行	(1)DL/T 611—1996《300MW锅炉运行导则》； (2)DL 435—1991《火电厂煤粉锅炉燃烧室防爆规程》； (3)DL/T 612—1996《电力工业锅炉压力容器监察规程》； (4)DL/T610—1996《300MW汽轮机运行导则》； (5)DL 441—1991《电业安全工作规程(发电厂和变电站电气部分)》； (6)有关发电厂厂用电动机运行的规程； (7)DL572—1995《电力变压运行规程》； (8)《火力发电厂高压加热器运行维护导则》； (9)SD223—1987《火力发电厂停(备)用热力设备防锈蚀导则》； (10)DL438—1991《火力发电厂金属技术监督规程》	26

（续表）

模块名称	单元名称	学习目标	学习内容	参考学时
MU16 电力行业规程、标准	LE49 化学、输煤专业行业标准	通过本单元的学习，掌握化学、输煤专业行业标准的有关内容，结合本岗位实际贯彻执行	(1)DL/T 561—1995《火力发电厂水汽化学监督导则》； (2)GB 12145—1989《火力发电机组及蒸汽动力设备水汽质量标准》； (3)有关燃料运行的规程； (4)有关化学运行的规程	12
MU17 危险点分析及预防、典型事故分析	LE50 危险点分析及预防、典型事故分析	通过本单元的学习，熟练掌握机组运行中危险点分析及预防措施；熟练掌握200MW、300MW、600MW机组常见事故发生的原因、现象及预防办公室；解析国内典型机组发生过的重大事故	(1)机组运行中危险点分析及预防措施； (2)200、300、600MW 机组常见事故分析； (3)国内典型机组已发生过的重大事故分析	6
MU18 专业英语及相关规程	LE51 专业英语及相关规程	能够熟知主要设备的英语词汇；看懂典型 DCS 的操作界面、报警的英语词汇及术语缩写；了解各相关规程的有关内容	(1)电力设备专业英语词汇； (2)电力系统专业术语的缩写； (3)典型 DCS 的操作界面及报警的英语词汇及术语缩写； (4)除灰、燃料、化学、消防等规程	6

表 2　职业技能模块及学习单元对照选择表

模块	MU1	MU2	MU3	MU4	MU5	MU6	MU7	MU8	MU9
内容	发电厂运行人员的职业道德	发电厂安全运行	汽轮机、锅炉、发电机冷态启动、检查、试验和操作	汽轮机、锅炉发电机辅助系统和设备的启停操作	机组热态启动	机组运行调整操作	机组正常停机操作	机组故障停机操作	机组正常运行中的日常维护和试验操作
参考时间	2	18	60	48	24	38	36	36	30
适用等级	中级 高级	中级 高级	中级 高级	中级 高级	高级	中级 高级	中级 高级	中级 高级	高级

模块	MU10	MU11	MU12	MU13	MU14	MU15	MU16	MU17	MU18
内容	机组异常分析处理	机组典型事故的分析、判断和处理	机组大、小修后的验收和试运行	机组的正常试验及维护工作	发电厂经济指标分析	发电厂可靠性管理	发电行业规程标准	危险点分析及预防、典型事故分析	专业英语及相关规程
参考时间	32	60	36	24	12	4	36	4	4
适用等级	中级 高级	中级 高级	中级 高级	中级 高级	中级 高级	高级	中级 高级	中级 高级	中级 高级

（续表）

模块		MU1	MU2	MU3	MU4	MU5	MU6	MU7	MU8	MU9	MU10	MU11	MU12	MU13	MU14	MU15	MU16	MU17	MU18
学习单元 LE 序号选择	中级	1	2,3,4,5,7	8,10,11,12	13,14		18,19	20,21,22,23,24	25,26,27,28,29		34	35	38	44,45	46		48	50	51
	高级	1	3,45,6	8,9,10,11,12	16	17	18	23,24	30	31,32,33	34	36,37	39,40,41,42	44,45	46	47	48	50	51

8 取证考核方式

8.1 申报条件

(1)掌握本专业必备的基础理论知识和专业知识。

(2)具备从事本岗位工作的职业能力和技能。

(3)具备良好的职业道德和敬业精神。

(4)汽轮机设备及运行、电厂热力系统及辅助系统运行、单元机组集控运行三门理论课程和集控运行仿真实训成绩合格。

8.2 职业技能鉴定考核内容

职业技能鉴定以《电力工人技术等级标准》为依据，按电力行业职业技能鉴定指导中心组织制定的职业技能鉴定规范和国家电力职业技能鉴定试题库试题进行考核。

表 3 集控值班员鉴定内容

项目		鉴定范围	鉴定内容	重要程度	鉴定比重(%)
知识要求	基础知识	电工基础	(1)熟悉串、并联电路谐振的基本概念； (2)掌握电阻电路星形连接与三角形连接的等效变换，并能进行电路的分析与算； (3)掌握简单三相交流电路的分析与计算； (4)了解电磁感应基本概念，熟悉通电螺旋线圈的电磁感应现象； (5)了解涡流的基本概念	2 1 1 1 1	6
		电子技术基础	(1)熟悉基本放大电路的一般概念； (2)了解整流电路的类型及工作原理； (3)了解振荡、脉冲电路的基本概念	1 1 1	3
		热力学	(1)熟悉工质的基本状态参数及热力过程； (2)熟悉热力学第一、第二定律及其应用； (3)熟悉汽水的主要状态参数及蒸汽流动时的状态变化	1 2 2	5
		传热学	(1)熟悉影响导热、对流及辐射传热的基本因素； (2)熟悉锅炉受热面及各种热交换器的传热原理； (3)了解单干壁导热计算方法	2 2 1	5

（续表）

项目		鉴定范围	鉴定内容	重要程度	鉴定比重（%）
知识要求	基础知识	流体力学	(1)掌握流体静力学方程式的应用； (2)熟悉能量方程式及其意义； (3)熟悉水阻力的简单计算； (4)了解气体动力学的基本概念	2 2 1 1	6
		电力生产过程	(1)了解燃料、除灰。化学等辅助生产系统的生产过程； (2)了解全厂主要技术经济指标的内容及含义	1 1	2
	专业知识	识、绘图	(1)掌握机组各汽水系统图和全厂电气一次系统图的识别与绘制方法； (2)熟悉锅炉、汽轮机、发电机、变压器本体及其他主要辅助设备的原理结构图； (3)熟悉主机和辅助设备的热工连锁保护逻辑图及电气保护二次原理图	2 2 1	5
知识要求	专业知识	主要设备	(1)熟悉锅炉型号、形式、结构及工作原理； (2)熟悉汽轮机型号、形式、结构及工作原理； (3)熟悉发电机型号、形式、结构及工作原理； (4)熟悉变压器接线组别及并列运行条件； (5)熟悉汽轮机、锅炉停用后的维护与保养方法； (6)熟悉高压汽轮机调节系统的组成、工作原理及调节特性； (7)熟悉汽轮机超速保护的配置及工作原理	1 1 1 2 1 2 2	10

（续表）

项　目		鉴定范围	鉴　定　内　容	重要程度	鉴定比重（%）
知识要求	专业知识	辅助设备及系统	(1)熟悉制粉系统的类型,结构、特性及工作过程； (2)熟悉制粉系统各主要设备型式、结构、作用及工作原理 (3)熟悉风烟系统所属设备的型式、结构及工作原理， (4)熟悉给水回热加热系统所属设备的作用及工作原理； (5)熟悉凝汽设备的型式、结构、作用及工作原理； (6)熟悉励磁机型式、作用及工作原理； (7)熟悉常见高压断路器的灭弧方法、操作机构和机械传动部分的组成及动作过程， (8)熟悉电压互感器、电流互感器常见接线方式,能进行一般的故障分析； (9)熟悉锅炉水动力循环回路的组成及循环特点； (10)熟悉主蒸汽系统、再热蒸汽系统、风烟系统、辅汽系统、凝结水系统、给水系统、循环水系统、压缩空气系统、工业水系统、电气一次系统及直流系统的布置特点及运行参数	1 1 2 1 1 1 1 2 2 3	15
		热工保护与自动控制	(1)了解计算机在机组监视、控制和保护方面的应用知识； (2)熟悉锅炉灭火保护系统、汽轮机自动调节和远方跳闸系统、机炉协调控制系统、AGC(自动发电控制系统)等主要自动控制装置的作用、组成及逻辑关系； (3)熟悉机组各控制于系统和基地式调节装置的工作原理及调整方法； (4)熟悉主要辅机连锁保护内容； (5)熟悉机组横向(机、电、炉)连锁保护内容	1 1 1 1 1	5

（续表）

项目		鉴定范围	鉴定内容	重要程度	鉴定比重（%）
知识要求	专业知识	电气仪表与继电保护	(1)熟悉常用电气仪表的测量原理； (2)熟悉二次回路的基本概念； (3)熟悉高压开关控制回路、信号回路的组成及发电机、变压器、高压输电线路保护的配置、保护范围及工作原理	1 1 1	3
		运行知识	(1)了解机组各类曲线的含义，掌握其使用方法； (2)掌握机组启动状态的划分原则； (3)掌握机组各状态下启动、滑参数停机的主要步骤及参数控制的要求与方法； (4)熟悉发电机同期并列的条件、方法、步骤及注意事项； (5)熟知机组主要运行参数的正常运行限额及其报警值、跳闸值； (6)熟知机组主要运行参数超限的危害，如蒸气温度、蒸汽压力、汽包水位、发电机电流、电压等； (7)熟悉机组启动及正常运行中控制汽水品质的意义及方法； (8)熟悉电气倒闸操作基本原则及热机操作的一般原则； (9)了解机组各种运行方式的含义及特点； (10)熟悉运行分析基本知识； (11)熟悉汽轮机油、EH 油及其他设备润滑、调节系统用油的牌号、性能、使用要求； (12)熟悉燃料成分与特性，了解燃烧基本理论知识	1 1 5 2 3 3 1 2 2 2 1 2	25
		规程、制度	(1)了解《电力工业技术管理法规》、《工业锅炉监察规程》、《压力容器安全技术监察规程》等有关内容； (2)熟悉《电业安全工作规程》、《电力生产事故调查规程》、《电力设备典型消防规程》等有关规定； (3)熟悉有关的运行管理制度	3 5 2	10

（续表）

项目		鉴定范围	鉴定内容	重要程度	鉴定比重（%）
技能要求	基本技能	识、绘图能力	(1)能默画一、二次蒸汽系统图及其他主要热力系统图； (2)看懂全厂电气一次主接线圈、厂用电系统围、直流系统图； (3)能看懂锅炉、汽轮机、发电机及其他主要辅助设备原理图； (4)能看懂一般电气二次田及热工连锁、保护逻辑图	2 2 1 2	7
		表达及计算能力	(1)能正确记录、填写运行日志、运行报表、工作票、设备缺陷等记录； (2)能用明了、精炼、准确的技术语言联系和交流工作， (3)能进行发电厂主要运行经济指标的分析与计算	1 2 2	5
		工器具使用	会正确使用各类工畏具，如万用表、兆欧表、钳型电流表、验电器、测温仪、测振表等	3	3
	基本技能	机组启动	(1)能熟练地进行主要设备和系统启动前的检查和调整； (2)能在指导下进行锅炉点火前的准备工作、锅炉点火、升温井压、汽轮机冲转升速、发电机并网带负荷及厂用电切换操作等； (3)在机组启动过程中能进行风机、水泵的并列或切换操作； (4)能进行机组启动过程中各辅助设备及自动控制装置的投运操作； (5)在机组启动过程中，能按化学监督要求在指导下进行锅炉汽水品质的调整	2 2 2 2 2	10
		机组停用	(1)能在指导下进行滑参数停机全过程的各项操作； (2)能进行各种故障停机和紧急停机的全过程操作； (3)能进行正常停机全过程的各项操作，包括减负荷、厂用电切换、制粉系统停运、发电机解列和解列后的工作、锅炉熄火及熄火后工作、汽轮机真空破坏及转子停转后的工作等	4 3 3	10

(续表)

项	目	鉴定范围	鉴 定 内 容	重要程度	鉴定比重(%)
技能要求	基本技能基本技能	运行调整与操作	(1)能进行机组主要运行参数变化的分析和调整,包括汽包水位、炉膛压力、气温、汽压、发电机负荷及电压等; (2)能熟练地进行辅助设备的解、并列操作; (3)能进行机组各种控制方式的切换及定值设定操作; (4)能正确填写电气操作票和正确进行电气倒闸操作	7 4 4 5	20
		试验工作	(1)能进行主、槽设备连锁装置及信号试验; (2)能熟练进行下列各项试验操作:危急保安器注油试验、商(中)压主气门及调速气门活动试验、油泵自启动试验、抽汽逆止门活动试验、真空严密性试验、发电机励磁系统接地检测试验、商(低)压加热器水位保护试验及通道试验; (3)能配合进行汽轮机超速试验、锅炉安全门校验和机组热力试验; (4)能配合进行机组检修后和新机组投产前的检查、验收、空负荷、满负荷等各项试验	1 3 2 2	8
技能要求	专门技能	异常分析	(1)根据声音、信号、温度、气味、振动和运行参数的变化,能分析、判断各种异常情况和故障类型,并做出正确处理; (2)能熟练地进行交、直流系统的接地判断和查找	8 2	10
		事故处理	(1)掌握机组事故处理原则; (2)能正确判断机组常见事故类型,并在指导下进行正确处理,如锅炉满(缺)水,锅炉一、二次气温高,锅炉严重结渣,"四管"泄漏(水冷壁管、省煤器管,过热器管和再热器管),锅炉尾部烟遭二次燃烧,汽包水位计损坏,锅炉压力高,汽轮机超速,油箱油位异常,油系统着火,汽水管道泄漏,高(低)压加热器故障,凝汽器真空下降,汽轮机进水,汽轮机断叶片,发电机甩负荷,厂用电部分失去,变压器故障及主要辅助设备跳闸等	2 8	10
		设备维护	(1)能熟练地进行辅助设备的定期切换; (2)能进行设备和系统停役后的防腐、防冻工作	1 1	2

项　目		鉴定范围	鉴　定　内　容	重要程度	鉴定比重（%）
技能要求	专门技能	工作票	(1)能正确办理热力工作票和电气第一、二种工作票； (2)能正确实施主要设备和系统检修前的安全措施； (3)能正确恢复检修后的设备和系统	1 2 2	5
		紧急救护	能熟练进行烫伤、创伤、烧伤及触电等紧急救护	5	5
	相关技能	安全与消防	(1)能正确进行火情报警； (2)能迅速判断火情及特点，正确指挥有关人员安全灭火； (3)熟练使用常用消防器材	1 2 2	5

8.3　鉴定考评办法

技能鉴定分理论知识和实际操作两部分。

专业综合知识考试采用笔试形式，考试成绩采用百分制，100 分为满分，60 分为及格。

实际操作技能考核采用在考场实际操作的方式，以模拟操作为主，考核成绩采用百分制，100 分为满分，60 分为及格。

专业综合知识和实际操作技能成绩均在 60 分以上者，方为技能鉴定合格。

9　其他说明

要求本专业毕业生必须取得集控值班员中级证书。允许部分优秀学生参加高级工培训与取证。

二　锅炉运行值班员职业资格取证标准

适用专业：电厂热能动力装置专业，集控运行专业
编 制 人：魏佳佳，朱志
审 定 人：王向阳，张学东
制定时间：2013.5.8

1　制订依据

本标准依据职业岗位标准和专业教学标准，通过分析电力行业企业发展现状与人才需求，剖析职业岗位素能要求，结合国家和行业内专业技术标准、工作标准和管理标准，实现职业技能的内涵与职业岗位无缝对接，实现职前教育和职后培训的无缝对接。

2　主要内容与适应范围

本标准规定了锅炉运行值班员（中级、高级）岗位的培训内容与要求和取证考核标准。

本标准适用于锅炉运行值班员（中级、高级）岗位的培训和取证工作。

3　规范性引用文件

锅炉运行值班员《国家职业技能鉴定规范》

4　培训教师

4.1　任职条件：

应具备锅炉设备及运行专业理论知识、运行操作技能和一定的培训教学经验。

4.2　任职资格：

具有中级以上专业技术职称的工程技术人员和高级工、技师，并经师资培训取得资格证书，可担任中、高级培训教师。

5 培训场地和设备

5.1 具有实习基地

具有基本技能训练的实习场所，拥有集教学、培训、技能鉴定等功能于一体的火电仿真实训基地。

硬件要求：计算机、投影设备

软件要求：拥有符合就业去向和现场岗位需求的仿真操作系统，包括多套不同容量、不同参数的仿真系统。至少包括600MW超临界系统、300MW亚临界系统。

5.2 具有实际操作训练场所，如定点培训或实习的典型火电厂。

6 培训项目

6.1 培训目的

通过培训达到《职业技能鉴定规范》对本职业的知识和技能要求。

6.2 培训方式

实训基地培训与现场培训相结合。

实训基地培训：由专兼职教师在仿真实训基地，按照培训标准和教学计划，对学生进行集中培训，包括理论培训、专题讲座等以及在离线设备或仿真设备上进行的技能培训。

现场培训：学生在企业兼职教师的指导下，通过生产实践，实现现场技能培训。

6.3 培训重点

(1)锅炉启动设备：

① 空气压缩机系统启操作、运行监视检查和事故处理；

② 锅炉给水系统充水、冲洗、冲压操作；

③ 锅炉强制泵充水系统的冲洗和充水操作；

④ 锅炉上水、水压试验及合格标准；

⑤ 强制泵启动操作程序及注意事项；

⑥ 炉底蒸汽推动系统操作及注意事项；

⑦ 空气加热器投入操作。

(2)锅炉启动前的传动试验：

① 锅炉烟风系统、汽水系统电(气)动阀门和挡板全开、全关和闭锁试验；

② 锅炉辅机连锁保护试验；

③ 机、电、炉大连锁保护试验。

(3)锅炉启动:

① 烟风系统启停操作;

② 锅炉点火升压操作;

③ 锅炉安全阀调整操作;

④ 锅炉滑参数和正常参数启动;

⑤ 汽轮机调速系统静态试验;

⑥ 汽轮机冲转、定速、并网、调速系统动态试验;

⑦ 汽轮机冷态启动带负荷暖机;

⑧ 厂用电由启动变倒由机组变带负荷操作及注意事项;

⑨ 锅炉给水由单冲量倒三冲量调节;

⑩ 制粉系统投入、运行调整和停用操作。

(4)锅炉正常运行调整。

(5)锅炉停用操作。

(6)事故分析、判断和处理。

7 培训大纲

本职业技能培训大纲,以模块组合(MES)—模块(MU)—学习单元(LE)的结构模式进行编写(见表1);职业技能模块及学习单元对照选择表见表2。

表1 锅炉运行值班员培训大纲

模块名称	单元名称	学习目标	学习内容	参考学时
MU1 发电厂运行人员职业道德	LE1 锅炉运行人员职业道德	通过本单元学习之后,掌握发电厂运行人员职业道德行为规范,并能自觉遵守厂规厂纪和社会公德,不断提高自身修养	(1)热爱祖国,热爱本职工作; (2)刻苦学习、钻研技术; (3)遵守纪律,安全文明; (4)爱护设备、工具; (5)团结协作; (6)严守岗位职责,尊师爱徒	2

（续表）

模块名称	单元名称	学习目标	学习内容	参考学时
MU2 锅炉及附属设备	LE2 烟风系统	通过本单元学习之后，掌握锅炉烟风系统的组成和转动机械连锁及跳闸保护试验操作	(1)烟风系统的组成 (2)烟风系统的流程 (3)转动机械连锁及跳闸保护	4
	LE3 汽水系统	通过本单元学习之后，掌握锅炉汽水系统组成和运行操作	(1)锅炉不同上水方式，给水管道及减温系统的充压 (2)过热蒸汽系统组成和流程 (3)再热蒸汽系统流程 (4)蒸汽吹灰系统 (5)前置预热吹灰系统 (6)炉底蒸汽推动系统 (7)强制泵充水系统 (8)高低压旁路系统 (9)连续和定期排污以及疏放水系统 (10)汽水品质控制标准	20
	LE4 制粉系统	通过本单元学习之后，掌握不同型式制粉系统的运行操作	(1)中间储仓式钢球磨煤机制粉系统 (2)中速磨煤机直吹式制粉系统 (3)双进双出钢球磨煤机半直吹式制粉系统	6
	LE5 除尘除灰系统	通过本单元学习之后，掌握锅炉启动、运行、停止等不同运行方式时对除尘、除灰系统的要求	(1)除灰系统的流程 (2)除尘系统的流程 (3)锅炉启动、正常运行和停止时对除尘除灰系统的要求	4

（续表）

MU2 锅炉及 附属设备	LE6 空压机系统	通过本单元学习之后，掌握空压机运行、巡视检查、操作及事故处理	(1)空压机系统组成 (2)空压机运行中巡视检查内容 (3)空压机启停操作和故障处理	8
MU3 锅炉冷 态启动	LE7 锅炉启动准备	通过本单元学习之后，掌握锅炉启动前应投入的系统	(1)循环水系统应投入 (2)冷却水系统应投入 (3)压缩空气系统应投入 (4)锅炉充水、给水系统流程，以及充水、冲洗、充压和疏放系统 (5)厂用电和热控系统的电源等	2
	LE8 锅炉启动前的检查	通过本单元学习之后，能够进行锅炉启动前各系统检查和操作	(1)转动机械启动前的检查 (2)烟风系统的检查 (3)汽水系统的检查 (4)锅炉点火燃油系统的检查 (5)制粉系统启动前的检查： 1)制粉系统润滑油系统的检查 2)制粉系统安全防护装置检查	20
	LE9 锅炉辅机连锁试验	通过本单元学习之后，能进行辅机静(动)态连锁试验	(1)辅机连锁静态试验 (2)辅机连锁动态试验 (3)电(气)动阀门全开全关和闭锁试验	4
	LE10 锅炉水压试验	通过本单元学习之后，能进行锅炉水压试验操作	(1)锅炉工作压力试验和超压试验 (2)锅炉水压试验程序 (3)水压试验合格标准	4
	LE11 锅炉点火	通过本单元学习之后，能进行燃油系统充油、油循环、吹扫锅炉点火等操作	(1)燃油系统充油和油循环 (2)燃油加热器的投入和停运 (3)锅炉点火 (4)燃油系统的蒸汽吹扫	8
	LE12 锅炉升压和升温	通过本单元学习之后，能进行锅炉滑参数启动和正常参数启动	(1)滑参数启动 (2)正常数启动 (3)宝剑阀调整试验 (4)汽轮机冲转、定速、并网 (5)锅炉升负荷以及制粉系统启动和停运	16

模块名称	单元名称	学习目标	学习内容	参考学时
MU4 锅炉热态启动	LE13 发电机组跳闸后锅炉热态启动	通过本单元学习之后，能迅速进行锅炉发电机组跳闸后吹扫、点火、升压、冲转、并网直至带满负荷的运行操作和调整	(1)炉膛吹扫条件和吹扫程序 (2)锅炉点火升压 (3)汽轮机冲转、定速、并网 (4)锅炉升负荷和制粉系统启、停操作	8
MU5 锅炉运行调节	LE14 汽包水位的调节	通过本单元学习之后，能掌握汽包水位手动、自动调节操作，维持汽包水位在正常范围内(制造厂规定值范围内)	(1)汽包水位高/低保护 (2)汽包水位调节自动/手动切换 (3)单冲量调节与三冲量调节切换操作	8
	LE15 炉膛负压调节	通过本单元学习之后，能进行炉锁负压(正压)的调节操作，维持炉膛负压(正压)在制造厂规定值范围内，保证燃烧稳定	(1)炉膛负压(正压)高/低保护 (2)负压(正压)手动/自动切换 (3)不同形式(离心式和轴流式)风机操作调节方式	16
	LE16 过热、再热气温调节	通过本单元学习之后，能进行锅炉启动、运行、停止过程中的气温调节操作，维持过热蒸气温度在不同工况下，满足汽轮机的要求	(1)过热气温手动/自动调节 (2)过热蒸气温度手动/自动方式切换 (3)过热器一、二级减温器投停操作和注意事项 (4)再热气温的调节(摆动燃烧器、烟气再循环风机、再热器喷水减温)	16
	LE17 锅炉负荷调节	通过本单元学习之后，能进行锅炉负荷调整操作，控制锅炉负荷，满足汽轮发电机组负荷要求	(1)锅炉升降负荷时，引风、送风、给粉操作顺序 (2)合理调整锅炉一、二次风配比，维持炉膛出口最佳烟氧量 (3)根据原煤挥发分，合理调整粗粉分离器挡板开度，维持最佳煤粉细度(R90,R200) (4)调整炉膛火焰中心，有效防止炉膛内结焦(渣)	16

（续表）

模块名称	单元名称	学习目标	学习内容	参考学时
MU6 锅炉正常停运	LE18 锅炉正常参数停运	通过本单元学习之后，能进行正常参数停运操作	(1)发电机降负荷速率 (2)锅炉气温汽压的调整，维持正常参数 (3)锅炉蒸汽系统与母管解列操作 (4)锅炉停炉冷却操作	8
	LE19 锅炉滑参数停运	通过本单元学习之后，能进行机组滑参数停运操作	(1)发电机组降负荷速率 (2)锅炉降压降温速度及气温、气压调整 (3)锅炉给水三冲量调节到单冲量调节 (4)厂用电由机组变到启动变 (5)锅炉停炉的冷却 (6)锅炉设备停用保养	8
MU7 锅炉故障停炉	LE20 锅炉紧急停炉	通过本单元学习之后，能掌握锅炉紧急停炉操作，将锅炉安全的停止运行	(1)锅炉紧急停炉条件 (2)锅炉紧急停炉操作	8
	LE21 锅炉申请停炉	通过本单元学习之后，能正确掌握锅炉申请停炉操作	(1)锅炉紧急停炉条件 (2)锅炉紧急停炉操作	4
MU8 转动机械设备故障	LE22 转动机械设备故障分析和处理	通过本单元学习之后，能进行引风机、送风机、一次风机故障原因分析和处理操作	(1)引风机、送风机、一次风机两台运行，其中一台故障停运时节故障现象、原因分析和处理 (2)引风机、送风机、一次风机两台运行同时故障，或其中两台只有一台运行时，故障停运现象、原因分析和处理	8

（续表）

模块名　称	单元名　称	学习目标	学习内容	参考学时
MU9 粉制系统故障	LE23 制粉系统故障停运分析和处理	通过本单元学习之后，能够进行制粉系统故障分析和处理操作	(1)制粉系统紧急停运 (2)制粉系统停运 (3)磨煤机紧急停运 (4)制粉系统自然和爆炸 (5)煤粉仓自燃和爆炸 (6)排粉机掉闸 (7)磨煤机掉闸 (8)给煤机掉闸 (9)磨煤机断煤 (10)磨煤机堵煤 (11)粗粉分离器堵煤 (12)旋风离器堵煤 (13)煤粉仓棚粉	20
MU10 锅炉承压部件泄漏故障	LE24 锅炉承压部件泄漏故障原因、分析和处理	通过本单元学习之后，能够进行锅炉承压部件泄漏原因、分析和处理操作	(1)水冷壁、过热器、再热器、省煤器管泄漏现象、原因和处理 (2)给水管道爆破泄漏现象、原因和处理 (3)蒸汽、给水管道水冲击原因、分析、判断和处理	8
MU11 锅炉燃烧系统故障	LE25 锅炉燃烧故障原因、分析、判断和处理	通过本单元学习之后，能够进行燃烧系统故障分析和处理操作	(1)锅炉灭火原因、分析和处理 (2)锅炉尾部再燃烧原因、分析和处理 (3)过热蒸气温度过高和过低故障分析和处理	8
MU12 锅炉安全附件(设备)故障	LE26 锅炉安全附件(设备)故障分析和处理	通过本单元学习之后，能够进行安全附件(设备)分析和处理操作	(1)强迫循环泵故障分析和处理 (2)汽包水位计故障分析和处理 (3)汽包水位极高、极低故障分析和处理 (4)汽水共腾故障分析和处理 (5)给水流量中断故障分析和处理	8

（续表）

模块名称	单元名称	学习目标	学习内容	参考学时
MU13 机组甩负荷	LE27 机组甩负荷故障分析和处理	通过本单元学习之后，能够进行机组甩负荷故障分析和处理操作	(1)电网甩负荷故障分析和处理 (2)汽轮机故障分析和处理 (3)发电机故障分析和处理 (4)厂用电中断故障分析和处理 (5)控制系统和仪表电源中断故障分析和处理	20
MU14 电力生产规程、标准和计算机应用	LE28 锅炉专业规程、标准	通过本单元学习之后，熟练掌握电力待业标准与锅炉运行有关的内容，能结合本岗位实际认真贯彻执行	(1)电业安全工作规程 (2)电力生产事故调查规程 (3)DL435—1991 火电厂煤粉锅炉燃烧室防爆规程 (4)DL/T612—1996 电力工业锅炉压力容器监察规程 (5)SD 118—1984 125MW 机组锅炉运行规程 (6)DL/T610—1996 200MW 锅炉运行导则 (7)DL/T611—1996 300MW 锅炉运行导则 (8)GB 10184—1988 电站锅炉性能试验规程 (9)DL467—1992 磨煤机试验规程 (10)DL469—1992 电站锅炉风机现场试验规程 (11)SD 223—1987 火力发电厂停(备)用热力设备防锈蚀导则 (12)DL/T561—1995 火力发电厂水汽化学监督导则 (13) GB12145—1989 火力发电机组及蒸汽动力设备水汽质量标准	32

（续表）

模块名称	单元名称	学习目标	学习内容	参考学时
MU14 电力生产规程、标准和计算机应用	LE28 锅炉专业规程、标准	通过本单元学习之后，熟练掌握电力待业标准与锅炉运行有关的内容，能结合本岗位实际认真贯彻执行	(14)DL438—1991 火力发电厂金属技术监督规程 (15)DL470—1992 电站锅炉过热器、再热器试验导则 (16)DL440—1991 在役电站锅炉汽包的检验、评定及处理规程 (17)DL441—1991 火力发电厂高温高压蒸汽管道蠕变监督导则 (18)SD340—1989 火力发电厂锅炉、压力容器焊接工艺评定规程	32
MU18 电力生产规程、标准和计算机应用	LE29 汽轮机和电气专业标准	通过本单元学习之后，熟练掌握电力待业标准中与汽轮机和电气运行有关的内容，能够结合本岗位实际认真贯彻执行	(1)DL/T608—1996　200MW 级汽轮机运行导则 (2)　DL/T　610—1996　300MW 级汽轮机运行导则 (3)火力发电厂高压加热器运行维护导则 (4)GB 8117—1987 电站汽轮机热力性能验收试验规程 (5)DL　441—1991 电业安全工作规程(发电厂和变电站电气部分) (6)发电厂厂用电动机运行规程 (7)DL　572—1995 电力变压器运行规程 (8)DL/T　596—1996 电力设备预防试验规程 (9)六氟化硫电气设备气体监督细则 (10)GB/T　574—1995 有载分接开关运行维修导则	8
	LE30 计算机应用	通过本单元学习之后，掌握计算机基本知识和监控系统的基本功能，能够进行微机操作	(1)计算机基本知识 (2)基本操作及技能 (3)微机管理 (4)利用微机进行监视、控制与调整 (5)一般故障处理	40

表 2　职业技能模块及学习单元对照选择表

模块		MU1	MU2	MU3	MU4	MU5	MU6	MU7	MU8	MU9	MU10	MU11	MU12	MU13	MU18
内容		发电厂运行人员职业道德	锅炉及附属设备	锅炉冷态启动	锅炉热态启动	锅炉运行调节	锅炉正常停运	锅炉故障停炉	转动机械设备故障	制粉系统故障	锅炉承压部件泄漏故障	锅炉燃烧系统故障	锅炉安全附件（设备）故障	机组甩负荷	电力生产规程、标准和计算机应用
参考学时		2	42	54	8	56	16	12	8	20	8	8	8	20	80
适用等级		中级 高级	中级	中级 高级	中级 高级	中级 高级	中级 高级	高级	中级 高级	中级 高级	中级 高级	中级 高级	高级	高级	中级 高级
学习单元LE序号选择	中级		2,3,4	7,8,9,10,11,12	13	14,15,16,17	18,19		22	23	24	25			28,30
	高级			9,10,11,12	13	14,15,16,17	18,19	20,21	22	23	24	25	26	27	28

8　取证考核方式

8.1　申报条件

(1)掌握本专业必备的基础理论知识和专业知识。

(2)具备从事本岗位工作的职业能力和技能。

(3)具备良好的职业道德和敬业精神。

(4)热工理论及其应用、锅炉设备、锅炉运行三门理论课程和锅炉运行仿真实训成绩合格。

8.2　职业技能鉴定考核内容

职业技能鉴定以《电力工人技术等级标准》为依据，按电力行业职业技能鉴定指导中心组织制定的职业技能鉴定规范和国家电力职业技能鉴定试题库试题进行考核。

表3 中级锅炉运行值班员鉴定内容

项目		鉴定范围	鉴定内容	重要程度	鉴定比重(%)
知识要求	基础知识	1. 热工	(1)内能、焓、熵的基本概念； (2)热力学第一定律、第二定律； (3)传热的基本概念	2 2 2	6
		2. 热工仪表	(1)压力表、温度表、流量计、氧量表、水位计的工作原理； (2)锅炉热工仪表、热工自动调节保护装置、机电炉联锁保护装置以及遥控和程控的基本工作原理及试验知识； (3)热工微机监察装置的应用知识	2 2 2	6
		3. 流体力学	流体的稳定性、连续性及汽蚀的基本知识	5	5
		4. 电工一般知识	(1)三相交流电的概念； (2)电压的分类； (3)熔断器的选择原则和规定	1 1 2	4

（续表）

项　目		鉴定范围	鉴　定　内　容	重要程度	鉴定比重（%）
知识要求	专业知识	1. 燃料燃烧原理及设备	(1)燃料的组成及特性； (2)燃烧过程，完全燃烧条件，影响燃烧的因素； (3)锅炉热效率概念，反平衡计算，飞灰、灰渣可燃物、氧量或二氧化碳含量、排烟温度等技术经济指标标准意义， (4)燃烧器及点火设备的原理与结构； (5)空气预热器的工作原理与结构	2 2 2 2 2	10
		2. 汽水系统原理及设备	(1)自然循环及强制循环原理； (2)锅炉汽水质量标准； (3)蒸汽净化装置的结构及运行特点； (4)省煤器、水冷壁、过热器、再热器的结构、原理及特性	3 2 1 2	8
		3. 识图	(1)受热面设备识图； (2)锅炉汽水系统图； (3)锅炉疏放水系统图； (4)锅炉连锁、保护框图； (5)锅炉本体与辅机设备系统图； (6)锅炉排污加热系统图； (?)锅炉减温水系统图； (8)锅炉辅助蒸汽系统图； (9)强制循环泵清洗系统图	1 3 1 1 1 1 1 1 1	11
知识要求	专业知识	4. 锅炉启停与保养	(1)锅炉机组启动应具备的条件； (2)锅炉机组冷态、热态或滑参数启动的程序、特点和注意事项； (3)锅炉停用程序、特点及注意事项； (4)锅炉停用后的防腐与保养方法	2 3 3 2	10
		5. 锅炉运行	(1)锅炉蒸汽压力调节； (2)过热蒸汽和再热蒸气温度调节； (3)燃烧调节，包括：风量和燃煤量； (4)锅炉汽包水位调节	4 6 6 4	20

项　目		鉴定范围	鉴　定　内　容	重要程度	鉴定比重(%)
知识要求	相关知识	6. 事故处理	(1)事故处理的一般原则； (2)锅炉水位事故； (3)受热面管损坏； (4)燃烧事故(炉膛灭火和尾部燃烧)； (5)回转式空气预热器故障	2 2 2 2 2	10
		1. 规程	《电力工业锅炉监察规程》,《电力生产事故调查规程》、《火力发电厂锅炉燃烧室防爆规程》中与本工种有关条文的规定	4	4
		2. 安全	(1)安全规程中有关要求； (2)消防基本知识； (3)安全用电知识	2 2 2	6
技能要求	基本技能	1. 识、绘图	默画锅炉纵剖面简图,锅炉汽水系统囤,锅炉烟风系统图,锅炉连锁、保护框图	4	4
		2. 表达能力	(1)正确填写运行B志、运行报表、工作票、设备试验验收报告,交接班、设备缺陷、操作调整、巡检等记录； (2)用明了、精练、准确的技术语言联系和交流工作	3 2	5
		3. 工具、设备使用	正确使用和监视巡回检测仪表等各类仪表	2	2
	专门技能	1. 维护与试验	(1)正确进行承压部件的水压试验及化学清洗系统的实际操作、烘炉等,工作； (2)正确进行锅炉自动调节装置、保护装置、连锁装置和各种信号的试验； (3)配合进行热力试验,根据试验计划的要求将设备调整至最佳试验运行工况； (4)正确实施设备、系统检修前的安全措施,进行检修后的运行验收工作	2 2 2 2	8

（续表）

项 目		鉴定范围	鉴 定 内 容	重要程度	鉴定比重（%）
技能要求	专门技能	2. 锅炉启动	(1)按规程要求进行启动前的各项检查； (2)锅炉冷态启动全过程的各项操作； (3)锅炉热态启动操作	4 8 4	16
技能要求	专门技能	3. 锅炉停用	(1)汽包锅炉滑参数、定参数停炉全过程的各项操作和直流锅炉停止全过程的各项操作； (2)进行停炉后的防腐、防冻和保养	6 6	12
		4. 锅炉运行的控制与调整	(1)正确进行运行的监视与调整操作，在各种运行工况下正确进行燃烧调整，使燃烧保持最佳状态； (2)正确进行汽包水位调整和蒸汽、给水等系统的分段解列和切换操作； (3)定期检查本锅炉及系统，及时发现缺陷，并进行正确的处理和防范； (4)各项操作符合安全规定	15 10 5 4	34
		5. 事故分析及处理	正确分析锅炉运行中常见各种故障的原因，并迅速采取措施予以防范和处理。常见的故障主要有：水位故障（缺水、满水）、燃烧事故（灭火、烟道再燃烧等）、受热面损坏、回转式空气预热器故障、附属机械故障、制粉系统故障、压缩空气系统故障和冷却水系统故障等	17	17
	相关技能	安全救护、消防	处理本工种区域的火灾事故	2	2

8.3 鉴定考评办法

技能鉴定分理论知识和实际操作两部分。

专业综合知识考试采用笔试形式，考试成绩采用百分制，100 分为满分，60 分为及格。

实际操作技能考核采用在考场实际操作的方式，以模拟操作为主，考核成绩采用百分制，100 分为满分，60 分为及格。

理论知识和实际操作成绩均在 60 分以上者，方为技能鉴定合格。

9　其他说明

要求本专业毕业生必须取得锅炉运行值班员中级证书。允许部分优秀学生参加高级工培训与取证。

三 汽轮机运行值班员职业资格取证标准

适用专业：电厂热能动力装置专业，集控运行专业
编 制 人：魏佳佳，朱志
审 定 人：王向阳，王亚军

1 制订依据

本标准依据职业岗位标准和专业教学标准，通过分析电力行业企业发展现状与人才需求，剖析职业岗位素能要求，结合国家和行业内专业技术标准、工作标准和管理标准，实现职业技能的内涵与职业岗位无缝对接，实现职前教育和职后培训的无缝对接。

2 主要内容与适应范围

本标准规定了汽轮机运行值班员（中级、高级）岗位的培训内容与要求和取证考核标准。

本标准适用于汽轮机运行值班员（中级、高级）岗位的培训和取证工作。

3 规范性引用文件

汽轮机运行值班员《国家职业技能鉴定规范》

4 培训教师

4.1 任职条件：

应具备汽轮机设备及运行专业理论知识、运行操作技能和一定的培训教学经验。

4.2 任职资格：

具有中级以上专业技术职称的工程技术人员和高级工、技师，并经师资培训取得资格证书，可担任中、高级培训教师。

5 培训场地和设备

5.1 具有实习场所

具有基本技能训练的实习场所，拥有集教学、培训、技能鉴定等功能于一体

的火电仿真实训基地。

硬件要求：计算机、投影设备

软件要求：拥有符合就业去向和现场岗位需求的仿真操作系统，包括多套不同容量、不同参数的仿真系统。至少包括600MW超临界系统、300MW亚临界系统。

5.2　具有训练场所

具有实际操作训练场所，如定点培训或实习的典型火电厂。

6　培训项目

6.1　培训目的

通过培训达到《职业技能鉴定规范》对本职业的知识和技能要求。

6.2　培训方式

实训基地培训与现场培训相结合。

实训基地培训：由专兼职教师在仿真实训基地，按照培训标准和教学计划，对学生进行集中培训，包括理论培训、专题讲座等以及在离线设备或仿真设备上进行的技能培训。

现场培训：学生在企业兼职教师的指导下，通过生产实践，实现现场技能培训。

6.3　培训重点

(1)汽轮机和辅机设备规范、运行规程包括：①汽轮机；②汽轮机调速系统、油系统；③凝汽设备；④回热系统；⑤汽、水泵；⑥汽水系统；⑦热工仪表及自动调节装置。

(2)汽轮机和辅机设备操作与正常运行，包括：

① 设备的启动、停用操作；

② 设备的运行监视与调节；

③ 设备的巡视、检查。

(3)设备维护和试验。

(4)故障分析和事故处理。

7　培训大纲

本职业技能培训大纲，以模块组合(MES)—模块(MU)—学习单元(LE)的结构模式进行编写(见表1)；职业技能模块及学习单元对照选择表见表2。

表1汽轮机运行值班员培训大纲

模块名称	单元名称	学习目标	学习内容	参考学时
MU1 职业道德	LE1 汽轮机运行值班员职业道德	通过本单元的学习，掌握汽轮机值班员职业道德的规范，自觉遵守职业道德	(1)热爱本职工作； (2)刻苦钻研技术； (3)遵纪守法； (4)爱护设备、工具； (5)安全文明生产； (6)团结协作、尊师爱徒	4
MU2 汽轮机及辅机的启动	LE2 汽轮机启动前的检查	通过本单元的学习，掌握汽轮机所有系统启动前的检查工序及要求	(1)启动前的准备工作； (2)启动前系统的检查； (3)汽轮机、主辅转动设备规范及参数	6
	LE3 启动前的试验工作	通过本单元的学习，掌握启动前各项试验内容及标准，保证汽轮机正常运行	(1)调节系统静态试验； (2)打闸试验； (3)低油压试;验 (4)电动主气门及其旁路试验； (5)除氧器试验； (6)热工自动装置试验； (7)泵及电动门试验； (8)保护连锁试验	8
	LE4 辅助设备系统投运	通过本单元的学习，掌握辅助设备系统的启停、正常运行，保证设备运行正常	(1)密封油系统投运及发电机的充氢，油、水系统投运； (2)盘车投入运行； (3)循环水系统投运(启停)； (4)工业水系统投运(启停)； (5)凝结水系统投运(启停)； (6)给水泵的启、停和运行； (7)除氧器投用、停用和运行	10

（续表）

模块名称	单元名称	学习目标	学习内容	参考学时
MU2 汽轮机及辅机的启动	LE5 暖管冲转及升速暖机	通过本单元的学习，掌握管路暖管、暖缸的规定，正确掌握冲转及升速的操作，保证启动成功	(1)锅炉点火后，暖管与暖缸； (2)冲转前的工作； (3)冲转及升速； (4)升速中的注意事项； (5)定速后的工作及注意事项	6
	LE6 并列与带负荷	通过本单元的学习，掌握机组并列条件和要求，掌握及时投入冷却系统和暖机带负荷的要求	(1)全面检查机组运行情况，符合规定后，汇报值班长，机组可以并列； (2)氢冷系统投运； (3)冷却水系统投运； (4)低负荷暖机； (5)一切符合规程要求后，负荷可升至额定值	4
	LE7 热态启动	通过本单元的学习，掌握机组短期停机和跳闸后的重新启动操作	(1)热态启动条件和注意事项； (2)额定参数下的热态启动； (3)热态滑参数启	8
	LE8 冷态启动	通过本单元的学习，了解冷、热态，启动方法及启动操作	(1)冷、热态的划分； (2)在什么情况下禁止汽轮机启动； (3)启动前的准备工作； (4)锅炉点火前的操作； (5)锅炉点火后的操作； (6)汽轮机保护系统就位冲转； (7)冲转； (8)检查高压缸状态； (9)汽轮机暖机后升速的操作； (10)发电机并网前的操作； (11)发电机并网后高压缸切换前的操作； (12)高压缸切换及加负荷； (13)机组升负荷	10

（续表）

模块名称	单元名称	学习目标	学习内容	参考学时
MU3 汽轮机及辅机的运行	LE9 汽轮机运行调整操作	通过本单元的学习，掌握蒸汽、负荷、真空、轴承油压等参数的规定，掌握信号装置变化的调节操作	(1)监视仪表指示变化及相应调整； (2)主蒸汽参数、再热蒸汽参数变化操作； (3)负荷增减调整操作； (4)真空变化调整操作； (5)监视段压力、轴向位移和机组振动的监视和分析； (6)凝汽器、加热器、除氧器、轴封加热器水位变化的调节； (7)轴承油压、轴承温度变化的调整； (8)运行泵电流及出口压力变化的调整； (9)发电机氢温、水温、油温变化的调节	10
MU3 汽轮机及辅机的运行	LE10 正常停机的操作	通过本单元的学习，掌握正确停机及滑参数停机的正确操作	(1)停机前的准备工作； (2)减负荷各阶段的操作与试验； (3)解列停机； (4)滑参数停机的控制参数； (5)滑参数停机； (6)停机的注意事项； (7)停机保养与维护； (8)辅助设备的停用	8
	LE11 故障停机	通过本单元的学习，掌握紧急停机和请示停机的操作	(1)紧急停机的条件； (2)汽轮机破坏真空停机； (3)汽轮机不破坏真空停机； (4)请示紧急停机； (5)紧急停机的操作步骤	4
	LE12 日常维护与定期试验	通过本单元的学习，掌握日常维护工作内容和定期试验项目	(1)正常运行中交接班制度； (2)运行中的维护项目； (3)运行中的巡回检查； (4)运行中的定期试验； (5)辅助设备的切换； (6)运行维护的基本要求	10

（续表）

模块名称	单元名称	学习目标	学习内容	参考学时
MU4 汽轮机及辅机事故与处理	LE13 蒸汽参数异常	通过本单元的学习，掌握蒸汽参数的运行规定，保证机组正常运行	(1)蒸汽压力异常的处理方法； (2)主蒸汽及再热蒸汽气温异常的处理方法； (3)当气温、汽压同时下降时的处理	6
	LE14 油系统工作失常	通过本单元的学习，掌握油系统的故障原因及处理方法，保证汽轮机正常运行	(1)主油泵工作失常的处理方法； (2)油压、油位同时下降的处理方法； (3)油压、油位不同时下降的处理方法； (4)辅助油泵故障的处理方法； (5)油系统着火的处理方法	4
	LE15 水冲击	通过本单元的学习，掌握水冲击的现象、原因及处理方法，保证设备正常运行	(1)水冲击现象； (2)水冲击的原因； (3)水冲击的处理方法	2
	LE16 凝汽器真空下降	通过本单元的学习，掌握真空变化原因及处理方法，能正确处理真空下降	(1)真空下降的原因； (2)真空下降的处理原则； (3)真空下降的具体处理方法	2
	LE17 轴向位移量增大	通过本单元的学习，了解轴向位移增大的原因及处理方法，保证汽轮机安全运行	(1)轴向位移增大的原因； (2)轴向位移增大的处理方法	2
	LE18 机组振动异常	通过本单元的学习，掌握突然发生振动的原因和对机组振动参数的规定，能够迅速处理	(1)机组突然发生强烈振动的原因； (2)对机组振动参数的规定； (3)异常振动的处理方法	4

（续表）

模块名称	单元名称	学习目标	学习内容	参考学时
MU4 汽轮机及辅机事故与处理	LE19 甩负荷或负荷突增	通过本单元的学习，掌握发电机组负荷突减、突增的原因及处理方法，保证机组的正常运行	(1)发电机外部故障与系统解列； (2)发电机内部故障、发电机解列、调速系统正常； (3)发电机跳闸、调速系统失常； (4)机组负荷突减、突增的原因； (5)处理方法	4
MU4 汽轮机及辅机事故与处理	LE20 典型事故原因分析及预防	通过本单元的学习，掌握典型事故原因分析方法和应采取的预防措施	(1)通流部分动、静摩擦原因分析及防止措施； (2)汽轮机进水及进冷汽的现象、原因和防止措施； (3)汽轮机大轴弯曲的原因和防止措施； (4)汽轮机超速现象、原因分析和防止措施； (5)汽轮机叶片磨损的现象、原因及防止措施； (6)汽轮机轴承断油的原因及处理方法； (7)油系统着火的原因及处理方法； (8)全厂事故停机的原因及处理方法	10
	LE21 转动机械故障	通过本单元的学习，掌握转动机械故障原因分析和处理方法	(1)凝结水泵、射水泵、疏水泵、工业水泵、循环水泵等故障及处理方法； (2)给水泵故障原因和处理方法	8
	LE22 辅机设备故障	通过本单元的学习，掌握辅机设备故障原因和处理操作	(1)凝汽器真空下降的原因； (2)加热器受热面结垢、漏水的原因； (3)除氧器的常见故障； (4)其他热交换器的故障原因和处理方法	6

（续表）

模块名称	单元名称	学习目标	学习内容	参考学时
MU4 汽轮机及辅机事故与处理	LE23 压力管道泄漏故障	通过本单元的学习，掌握压力管道泄漏原因及处理操作	(1)给水管道故障原因及处理方法； (2)蒸汽、给水管道冲击原因、判断及处理方法	2
MU5 汽轮机及辅机大修后验收和试运行	LE24 大修后的验收	通过本单元的学习，掌握大修后验收项目及标准	(1)真空严密性的验收及试验内容； (2)辅助设备的验收； (3)汽轮机油系统循环冲洗； (4)调速系统的验收项目； (5)热控自动保护装置的试验； (6)各种阀门的验收及校验	4
	LE25 汽轮机总体试运行	通过本单元的学习，掌握总体试运行的内容和操作	(1)转动机械的试运行； (2)空负荷运行的内容和操作项目； (3)带负荷运行的内容及操作	4
MU6 发电厂经济指标分析	LE26 汽轮机运行经济指标	通过本单元的学习，掌握通过汽轮机经济指标分析和计算来改进运行方式、提高经济效益的方法	(1)发电厂主要经济指标； (2)汽轮机运行指标及分析	4
MU7 发电厂可靠性管理	LE27 发电厂可靠性管理内容	通过本单元的学习，掌握发电厂主、辅设备的可靠性知识，制定措施、降低非计划停运，提高发电设备可靠性	(1)发电厂可靠性管理的一般知识； (2)主、辅设备可靠性管理的统计内容； (3)发电设备异常情况分析	4

（续表）

模块名称	单元名称	学习目标	学习内容	参考学时
MU8 锅炉及附属设备系统	LE28 锅炉及附属设备	通过本单元的学习，掌握锅炉主设备、附属设备运行操作及对汽、水、燃料、烟、风系统的要求	(1)锅炉主要设备及附属设备的布置； (2)汽、水、燃料、烟、风系统； (3)锅炉启停及运行	6
MU9 发电机及厂用电系统	LE29 发电机及厂用电系统	通过本单元的学习，掌握发电机、汽轮机、锅炉横向连锁系统对汽轮机安全运行的要求，厂用电负荷分配，辅机电源分布	(1)发电机一次接线及发电机主要保护； (2)机、电、炉机横向连锁系统； (3)厂用电机组变压器系统的切换； (4)厂用电动机启停次数的规定	6
MU10 电力行业规程及标准	LE30 电力行业规程及标准	通过本单元的学习，掌握电力行业标准中与汽轮机、锅炉、发电机运行有关的内容，能结合本岗位实际，认真贯彻执行	(1)电业安全工作规程； (2)电力生产事故调查规程； (3)火力发电厂及蒸汽动力设备水汽质量标准； (4)火力发电厂高压加热器运行维护导则； (5)发电厂厂用电动机、电力变压器运行规程； (6)电业生产人员培训制度； (7)200MW、300MW 汽轮机运行导则； (8)电力工业锅炉压力容器监察规程	10

（续表）

模块名称	单元名称	学习目标	学习内容	参考学时
MU11 新技术应用	LE31 发电厂的新技术	通过本单元的学习，了解发电新技术的原理、应用现状及前景	(1)核能发电； (2)燃气一蒸汽联合循环发电； (3)地热发电； (4)风力发电； (5)太阳能发电； (6)潮汐发电； (7)磁流体发电； (8)环保电厂	4
MU12 计算机	LE32 计算机的应用	通过本单元的学习，掌握计算机性能用于生产实际	(1)基本操作及技能； (2)计算机管理方法； (3)监视、控制与调整； (4)事故处理	40
MU13 热工仪表和自动装置	LE33 热工仪表和自动装置	通过本单元的学习，掌握热工仪表一般构造、原理和热工保护、自动调整装置的作用、原理	(1)热工仪表； (2)测量仪表； (3)自动调整装置； (4)热工保护装置	10

表 2　职业技能模块及学习单元对照选择表

模块		MU1	MU2	MU3	MU4	MU5	MU6	MU7	MU8	MU9	MU10	MU11	MU12	MU13
内容		职业道德	汽轮机及辅机的启动	汽轮机及辅机的运行	汽轮机及辅机事故与处理	汽轮机及辅机大修后验收和试运行	发电厂经济指标分析	发电厂可告性管理	锅炉及附属设备系统	发电厂厂用电系统	电力待业规程及标准	新技术应用	计算机	热工仪表和自动装置
参考时间		4	52	32	50	8	4	4	6	6	14	4	40	10
适用等级		中级 高级	中级 高级	中级 高级	中级 高级	中级 高级	高级	高级	中级 高级	中级 高级	中级 高级	高级	中级 高级	中级 高级
学习单元LE序号选择	中级	1	2、3、4、5、6、7、8	9、10、11、12	13、14、15、16、17、18、19、20、21、22、23	24、25			28	29	30		32	33
	高级	1	2、3、4、5、6、7、8	9、1、11、12	13、14、15、16、17、18、19、20、21、22、23	24、25	26	27	28	29	30	31	32	33

8　取证考核方式

8.1　申报条件

(1)掌握本专业必备的基础理论知识和专业知识。

(2)具备从事本岗位工作的职业能力和技能。

(3)具备良好的职业道德和敬业精神。

(4)电厂热力系统与辅助设备、汽轮机运行、汽轮机设备三门理论课程和汽轮机运行仿真实训成绩合格。

8.2　职业技能鉴定考核内容

职业技能鉴定以《电力工人技术等级标准》为依据，按电力行业职业技能鉴定指导中心组织制定的职业技能鉴定规范和国家电力职业技能鉴定试题库试题进行考核。

表 3　中级汽轮机运行值班员鉴定内容

<table>
<tr><th colspan="2">项目</th><th>鉴定范围</th><th>鉴定内容</th><th>重要程度</th><th>鉴定比重(%)</th></tr>
<tr><td rowspan="3">知识要求</td><td rowspan="3">基础知识</td><td>热工基础</td><td>(1)熟悉水蒸气的基本参数、热力过程及高参数水蒸气的性质；
(2)掌握热力学第一定律和热力学第二定律；
(3)熟悉蒸汽动力装置的朗肯循环、中间再热循环、给水回热循环、热电合供循环；
(4)了解传热学的基本知识</td><td>2
2
2
2</td><td>8</td></tr>
<tr><td>流体力学</td><td>(1)了解流体静力学和动力学的基本知识；
(2)熟悉水力阻力计算和气体动力学基础知识</td><td>2
2</td><td>4</td></tr>
<tr><td>汽轮机设备</td><td>(1)了解汽轮机本体的构造、组成和作用；
(2)熟悉汽轮机工作原理及能量转换；
(3)熟悉汽轮机负荷、汽耗、热耗等主要技术经济指标和意义；
(4)掌握汽轮机冷态、热态、滑参数启动和停机的程序、特点及注意事项；
(5)熟悉汽轮机正常运行的监视、检查、调节和操作的程序及内容；
(6)了解汽轮机变工况运行的调整原则及蒸汽参数变化对汽轮机工作的影响；
(7)掌握汽轮机常见事故及处理的原则和方法</td><td>5
5
5
5
4
4
4</td><td>32</td></tr>
</table>

（续表）

项目		鉴定范围	鉴 定 内 容	重要程度	鉴定比重（%）
知识要求	基础知识	汽轮机调节	(1)了解汽轮机调节系统的组成及静态特性； (2)了解汽轮机保护装置的类型、原理和作用； (3)了解汽轮机供油系统的组成、构造、作用和原理	4 4 4	12
		辅机设备	(1)熟悉凝汽设备的任务、组成、结构和工作原理； (2)了解真空泵和抽气器的结构和工作原理； (3)了解凝汽器真空、凝结水过冷却、凝结水水质的含义和影响	3 3 3	9
		汽水系统	(1)了解主蒸汽系统、再热器系统、抽气回热系统的型式、作用和优缺点； (2)了解高、低压给水系统的布置和特点； (3)了解循环水系统、发电机冷却系统、公用水系统的布置和特点	3 3 3	9
知识要求	专业知识	热工仪表和自动调节装置	(1)了解主要热工测量仪表的一般构造、作用、原理及测量方法； (2)熟悉自动调节装置和热工保护装置的类型、作用及原理； (3)了解微机监控装置的工作内容和要求	3 3 2	8
	相关知识	热力发电厂	(1)了解热力发电厂热经济性的主要经济指标概念和计算方法； (2)熟悉热力发电厂原则性热力系统和全面性热力系统的组成、型式和作用； (3)了解发电厂辅助生产系统如上煤、除灰、供水等系统的基本情况	2 2 2	6
		锅炉	(1)了解锅炉设备的型式、基本结构、参数及主要经济指标； (2)了解锅炉给水除氧、连续排污系统的设备及运行的基本知识	2 2	4
		电气设备	(1)了解发电机型式、原理及基本结构； (2)了解本厂电气主接线及特点； (3)了解厂用电系统的接线方式和特点	2 2 2	6
		安全知识	《电业安全工作规程》及《消防规程》等有关条文	2	2

（续表）

项目		鉴定范围	鉴　定　内　容	重要程度	鉴定比重（%）
技能要求	基本技能	识绘图和文字表达能力	(1)能默画汽轮机的汽水系统图； (2)能看懂汽轮机的原理图等技术文件	1 1	2
	专门技能	汽轮机启动	(1)能正确、熟练地进行启动前的检查、调查和操作； (2)做好启动前的准备工作； (3)能完善地进行抽真空操作； (4)熟练地进行额定参数下冲转、升速与并列后接带负荷的全过程操作； (5)掌握滑参数启动全过程的各项操作，包括锅炉点火前工作、锅炉点火后工作，冲转与升速、并列与接带负荷； (6)熟练掌握热态启动操作及注意事项，并善于做好大机组各专业间的协调配合	2 2 2 2 4 2	14
		汽轮机停用	(1)熟练地进行额定参数下停机全过程各项操作，包括减负荷、解列与解列后的工作、转子停止后的工作； (2)善于滑参数停机全过程的各项操作，包括减负荷，解列与解列后的工作，转子停止后的工作； (3)会正确地进行故障停机和紧急停机； (4)能正确进行系统切换操作，包括核对操作票、核对系统和设备、执行操作命令等	4 2 2 2	10
		汽轮机运行监视和运行调节	(1)熟悉各表计和测点布置，熟记主要参数限额，能进行主要经济指标的经济分析和计算， (2)能掌握定压运行的条件及注意事项； (3)熟练进行运行工况变化的分析和调整，包括汽压升高超额、气温升高超额、监视段压力升高、轴承润滑油温升高、超负荷、蒸汽流量变化、真空、轴向位移、振动、膨胀、润滑油压、凝汽器运行工况、辅机运行工况、发电机运行工况等的变化分析和调整； (4)能用微机进行监控和调节	6 4 6 4	20

（续表）

项目		鉴定范围	鉴定内容	重要程度	鉴定比重（%）
技能要求	专门技能	汽轮机设备巡视和检查	(1)熟悉巡视检查的项目、内容、基本要求和时间规定； (2)掌握巡视检查的基本方法，如目测检查法、耳听判断法、鼻嗅和手摸判断法、仪器检测法等； (3)能进行设备系统的巡视检查，包括汽轮机本体、发电机和它们的辅助系统	4 4 6	14
		故障分析和事故处理	(1)能对汽轮机运行中声音、温度、气味、表计指示、振动等异常，进行判断、分析及正确处理； (2)能对典型故障进行分析，查明原因，提出防止对策及正确处理典型故障，主要指真空下降、振动剧烈、轴承和汽缸内有异声、负荷和频率突变、水冲击、油系统异常、甩负荷、轴向位移、调速系统异常等； (3)掌握汽轮机事故类型和处理原则； (4)掌握常见事故的判断和处理方法，常见事故主要有：汽轮机破坏真空紧急停机、汽轮机不破坏真空紧急停机；主、再热蒸汽参数不正常；电网频率变化；汽轮机严重超速；发电机负荷骤变；油箱油位升高；油系统失火；汽、水管道故障；主轴承振动；凝汽器真空低；油系统工作失常；转子轴向位移增大；汽轮机进水；胀差超限；叶片损坏或断裂；甩负荷；发电机故障；辅机故障和其他跳机保护动作	4 6 4 6	20
		设备维护和试验	(1)熟悉设备维护的内容和要求； (2)掌握试验目的、试验方法和时间规定。主要试验项目有：危急保安器充油试验，一、二次油压试验，超速试验，轴向位移试验，真空严密性试验甩负荷试验，主气门、调节气门、	2 4	10

（续表）

项目		鉴定范围	鉴定内容	重要程度	鉴定比重（%）
技能要求	相关技能	设备维护和试验	抽气逆止门活动试验，盘车电动机空载试验，报警信号试验及热力试验； (3)执行停、复役制度，工作票制度及试运行要求，掌握停后操作、复役后操作和试运行的操作程序和注意事项	4	
		安全生产	(1)掌握安全生产的安全规程、事故处理规程、消防规程中的有关规定，各项操作符合规定要求，确保安全运行； (2)做好停用机组的防腐、防冻工作； (3)处理本工种区域内的火灾事故	2 2 2	6
		生产技术管理	(1)掌握法规和生产技术管理的有关要求，确保汽轮机组安全经济运行； (2)能对初级工进行培训并传授技艺	2 2	4

8.3　鉴定考评办法

技能鉴定分理论知识和实际操作两部分。

专业综合知识考试采用笔试形式，考试成绩采用百分制，100 分为满分，60 分为及格。

实际操作技能考核采用在考场实际操作的方式，以模拟操作为主，考核成绩采用百分制，100 分为满分，60 分为及格。

理论知识和实际操作成绩均在 60 分以上者，方为技能鉴定合格。

9　其他说明

要求本专业毕业生必须取得汽轮机运行值班员中级证书。允许部分优秀学生参加高级工培训与取证。

四 水泵检修工职业资格取证标准

适用专业:电厂热能动力装置专业
编 制 人:魏佳佳,朱志
审 定 人:王向阳,常志通
制定时间:2013.5.8

1 制订依据

本标准依据职业岗位标准和专业教学标准,通过分析电力行业企业发展现状与人才需求,剖析职业岗位素能要求,结合国家和行业内专业技术标准、工作标准和管理标准,实现职业技能的内涵与职业岗位无缝对接,实现职前教育和职后培训的无缝对接。

2 主要内容与适应范围

本标准规定了水泵检修工(中级、高级)岗位的培训内容与要求和取证考核标准。

本标准适用于水泵检修工(中级、高级)岗位的培训和取证工作。

3 规范性引用文件

水泵检修工《国家职业技能鉴定规范》

4 培训教师

具有中级以上专业技术职称的工程技术人员和高级工、技师,并经师资培训取得资格证书,可担任中、高级培训教师。

5 培训场地和设备

(1)具有基本技能训练的实习场所及与现场一致的实际操作训练设备。

(2)具备本职业(工种)基础知识培训的教室和与教学设备。

(3)电厂生产现场实际设备。

6 培训项目

6.1 培训目的

通过培训达到《职业技能鉴定规范》对本职业的知识和技能要求。

6.2　培训方式

以生产现场的实际检修与技能培训基地模拟检修相结合的方式，进行本工种的技能训练。

6.3　培训重点

(1)水泵检修知识包括给水泵和前置泵、给水泵小汽轮机、液力偶合器、凝结水泵、循环水泵等水泵设备的构造、性能、工作原理、主要检修方法和检修工艺规程知识。

(2)水泵检修技能包括给水泵组、凝结水泵、循环水泵等设备的解体、清理检查、更换修理、装复及调试等操作技能。

(3)水泵检修技术管理的知识和技能。

7　培训大纲

本职业技能培训大纲，以模块组合(MES)—模块(MU)—学习单元(LE)的结构模式进行编写(见表1)；职业技能模块及学习单元对照选择表见表2。

表1水泵检修工培训大纲

模块序号及名称	单元序号及名称	学习目标	学习内容	参考学时
MU1 发电厂检修人员职业道德	LE1 水泵检修工的职业道德及电力法规	通过本单元学习后，了解发电厂水泵检修工的职业道德规范，并能自觉遵守行为规范准则和电力法则的规定。	(1)热爱本职工作； (2)刻苦钻研技术； (3)遵纪守法； (4)爱护设备、工具； (5)爱护文明生产； (6)团结协作、尊师爱徒； (7)电力法规	2
MU2 安全技术措施及质量管理	LE2 安全知识	通过本单元学习后，了解和熟悉安全规定，并能结合本岗位实际认真贯彻执行	(1)电力工业技术管理法规； (2)电业安全工作规程； (3)电力生产事故调查规程； (4)消防规程中与本专业有关条文的规定	

（续表）

模块序号及名称	单元序号及名称	学习目标	学习内容	参考学时
LE3 安全技术措施		通过本单元学习后，掌握安全技术措施，并能在实际工作中做好安全工作	(1)安全技术操作规程； (2)消防器材的使用方法； (3)烫伤、烧伤、创伤、触电等的紧急救护法及心肺复苏法； (4)企业有关文明生产的规定	
	LE4 质量管理		通过本单元学习后，了解质量管理知识	(1)质量管理与质量信息管理概念； (2)质量责任制的内容； (3)工作质量管理点及质量控制、检修的要求和方法； (4)质量方针、目标管理和质量审核的一般概念； (5)标准化、质量标准、验收标准的概念和作用； (6)人、机器设备、材料、工艺方法、生产环境等与工作质量的关系； (7)质量成本的概念； (8)ISO ——9002 质量管理体系的相关知识	

（续表）

模块序号及名称	单元序号及名称	学习目标	学习内容	参考学时
MU3 基础知识及相关知识	LE5 基础知识	通过本单元学习后，了解或掌握与水泵有关的基础知识	(1)识图与绘图； (2)电工、热工、流体力学； (3)钳工； (4)金属材料； (5)电力生产过程	80
	LE6 基本技能	通过本单元学习后，掌握识图与绘图的方法及钳工操作方法	(1)识图与绘图； (2)钳工操作	24
	LE7 相关知识	通过本单元学习后，了解或掌握与水泵相关的知识	(1)电焊、气焊的基本知识； (2)起重知识； (3)微机基本知识	8
	LE8 相关技能	通过本单元学习后，掌握起重及微机的基本操作方法	(1)起重操作； (2)微机操作； (3)培训、传艺	18
MU4 工器具的使用与维护	LE9 工量具、机具、器具的使用与维护	通过本单元学习后，掌握本专业检修用的工量具、机具、器具的使用、维护和保养方法	(1)工量具的名称、规格、使用规则及维护、保养知识； (2)各种机具的名称、规格、使用及维护、保养知识； (3)各种精密测量仪器、仪表及水泵自动保护装置的种类、基本原理、操作方法和保养知识	18

（续表）

模块序号及名称	单元序号及名称	学习目标	学习内容	参考学时
MU5 给水泵和前置泵的检修工艺规程	LE10 给水泵和前置泵的技术规范及构造	通过本单元学习后，了解设备技术规范及构造	(1)给水泵的技术规范； (2)给水泵的构造； (3)前置泵的技术规范； (4)前置泵的构造	6
	LE11 离心式泵的工作原理及性能	通过本单元学习后，掌握离心泵的工作原理及其性能	(1)离心泵的工作原理； (2)离心泵的性能	10
	LE12 给水泵的检修	通过本单元学习后，掌握给水泵的检修工艺、注意事项及质量标准	(1)给水泵的解体； (2)给水泵的清理检查； (3)给水泵的整修； (4)给水泵的装复； (5)给水泵的调试	24
	LE13 前置泵的检修	通过本单元学习后，掌握前置泵的检修工艺、注意事项及质量标准	(1)前置泵的解体； (2)前置泵的清理检查； (3)前置泵的整修； (4)前置泵的装复	12
MU6 给水泵小汽轮机的检修工艺规程	LE14 给水泵小汽轮机的技术规范、构造及工作原理	通过本单元学习后，了解给水泵小汽轮机的技术规范、构造及工作原理	(1)给水泵小汽轮机的技术规范； (2)给水蚌小汽轮机的构造； (3)给水泵小汽轮机的工作原理	8
MU6 给水泵小汽轮机的检修工艺规程	LE15 给水泵小汽轮机的检修	通过本单元学习后，了解和掌握给水泵小汽轮机的检修工艺、注意事项及质量标准	(1)给水泵和小汽轮机的解体； (2)给水泵小汽轮机的清理检查； (3)给水泵的小汽轮机的整修； (4)给水泵的小汽轮机的装复； (5)给水泵小汽轮机的调试	18

（续表）

模块序号及名称	单元序号及名称	学习目标	学习内容	参考学时
MU7 液力偶合器的检修工艺规程	LE16 液力偶合器的技术规范、构造及工作原理	通过本单元学习后，了解液力偶合器的技术规范、构造及工作原理	(1)液力偶合器的技术规范； (2)液力偶合器的构造； (3)液力偶合器的工作原理	6
	LE17 液力偶合器的检修	通过本单元学习后，掌握液力偶合器的检修工艺、注意事项及质量标准	(1)液力偶合器的解体； (2)液力偶合器的清理检查； (3)液力偶合器的整修； (4)液力偶合器的装复	18
MU8 凝结水泵和凝升泵的检修工艺规程	LE18 凝结水泵和凝升水泵的技术规范及构造	通过本单元学习后，了解凝结水泵和凝升泵的技术规范及构造	(1)凝结水泵的技术规范； (2)凝结水泵的构造； (3)凝升水泵的技术规范； (4)凝升泵的构造	4
MU8 凝结水泵和凝升泵的检修工艺规程	LE19 凝结水泵的检修	通过本单元学习后，掌握凝结水泵的检修工艺、注意事项及质量标准	(1)凝结水泵的解体； (2)凝结水泵的清理检查； (3)凝结水泵的整修； (4)凝结水泵的装复	12

（续表）

模块序号及名称	单元序号及名称	学习目标	学习内容	参考学时
MU9 循环水泵的检修工艺规程	LE20 凝升泵的检修	通过本单元学习后，掌握凝升泵的检修工艺、注意事项及质量标准	(1)凝升泵的解体； (2)凝升泵的清理检查； (3)凝升泵的整修； (4)凝升泵的装复	12
	LE21 循环水泵的技术规范及构造	通过本单元学习后，了解和掌握循环水泵的技术规范及构造	(1)循环水泵的技术规范； (2)循环水泵的构造	2
	LE22 轴流式泵、混流式泵的工作原理及性能	通过本单元学习后，了解和掌握轴流式、混流式泵的工作原理及其性能	(1)轴流式泵、混流式泵的工作原理； (2)轴流式泵、混流式泵的性能	2
	LE23 循环水泵的检修	通过本单元学习后，掌握循环水泵的检修工艺、注意事项及质量标准	(1)循环水泵的解体； (2)循环水泵的清理检查； (3)循环水泵的整修； (4)循环水泵的装复； (5)循环水泵的调试	12
MU10 其他水泵的检修工艺规程	LE24 射水泵的技术规范及构造	通过本单元学习后，了解和掌握射水泵的技术规范及构造	(1)射水泵的技术规范； (2)射水泵的构造	2
	LE25 射水泵的检修	通过本单元学习后，掌握射水泵的检修工艺、注意事项及质量标准	(1)射水泵的解体； (2)射水泵的清理检查； (3)射水泵的整修； (4)射水泵的装复	10
	LE26 空冷泵的技术规范及构造	通过本单元学习后，了解和掌握空冷泵技术规范及构造	(1)空冷泵的技术规范； (2)空冷泵的构造	2
	LE27 空冷泵的检修	通过本单元学习后，掌握空冷泵的检修工艺、注意事项及质量标准	(1)空冷泵的解体； (2)空冷泵的清理检查； (3)空冷泵的整修； (4)空冷泵的装复	10
	LE28 疏水泵的技术规范及构造	通过本单元学习后，了解和掌握疏水泵的技术规范及构造	(1)疏水泵的技术规范； (2)疏水泵的构造	2

（续表）

模块序号及名称	单元序号及名称	学习目标	学习内容	参考学时
MU10 其他水泵的检修工艺规程	LE29 疏水泵的检修	通过本单元学习后，掌握疏水泵的检修工艺、注意事项及质量标准	(1)疏水泵的解体； (2)疏水泵的清理检查； (3)疏水泵的整修； (4)疏水泵的装复	10
MU10 其他水泵的检修工艺规程	LE30 油隔离灰浆泵的技术规范、构造和工作原理	通过本单元学习后，了解油隔离灰浆的技术规范、构造和工作原理	(1)油隔离灰浆泵的技术规范； (2)油隔离灰浆泵的构造； (3)油隔离灰浆泵的工作原理	4
MU11 故障及消除方法	LE31 水泵常见故障及消除方法	通过本单元学习后，熟悉水泵常见故障的原因、并能进行各种故障、缺陷的处理	(1)水泵振动； (2)平衡盘磨损； (3)水泵效率低； (4)轴封泄露； (5)轴承超温； (6)油质恶化	12
MU12 技术管理	LE32 技术管理知识	通过本单元学习后，了解技术管理的有关知识	(1)水泵检修定额、技术经济分析、检修周期等方面的知识； (2)水泵安装的技术规范、质量标准、验收要求； (3)班组管理和生产技术管理的知识； (4)本专业新技术、新材料和新设备的应用知识	6

（续表）

模块序号及名称	单元序号及名称	学习目标	学习内容	参考学时
MU12 技术管理	LE33 技术管理操作	通过本单元学习后，了解和掌握技术管理的工作	(1)收集、整理、书写检修技术记录、工作小结和事故分析报告； (2)根据施工和项目，编制工料预算； (3)编制水泵检修施工计划、计划措施和安装措施； (4)组织和指挥有关人员进行水泵的检修工作； (5)担任和指导本专业全部水泵的大修、小修和维护、试验、验收工作，综合平衡质量和进度，提出相应的措施； (6)在检修中推广应用新技术、新工艺和新材料； (7)熟悉技术管理工作的内容和要求，能正确地搞好各项技术方案、设备台账、图纸、资料的检查分类、存档等技术管理工作； (8)编写本专业有关的规章制度	18

表 2　职业技能模块及学习单元对照选择表

模块		MU1	MU2	MU3	MU4	MU5	MU6	MU7	MU8	MU9	MU10	MU11	MU12
内容		发电厂检修人员职业道德	安全技术措施及质量管理	基础知识及相关知识	工器具的使用与维护	给水泵和前置泵的检修工艺规程	给水泵小汽轮机的检修工艺规程	液力偶合器的检修工艺规程	凝结水泵和凝升泵的检修工艺规程	循环水泵的检修工艺规程	其他水泵的检修工艺流程	故障及消除方法	技术管理
参考学时		2	20	130	18	52	26	24	28	16	40	12	24
适用等级		中级 高级	中级 高级	中级 高级	中级 高级	中级 高级	中级 高级	高级	中级	中级 高级	中级 高级	中级 高级	中级 高级
学习单元LE序号选择	中	1	2,3,4	5,6,7,8	9	10,11,12,13	14,15		18,19,20	21,23	24,25,26,27,28,29	31	33
	高	1	2,3,4	5,6,7,8	9	10,11,12,13	14,15	16,17		21,22,23	30	31	32/33

8 取证考核方式

8.1 申报条件

(1)掌握本专业必备的基础理论知识和专业知识。

(2)具备从事本岗位工作的职业能力和技能。

(3)具备良好的职业道德和敬业精神。

(4)机械设计与制作、流体力学泵与风机、机械制图、AUTOCAD机械绘图四门理论课程和水泵检修实训成绩合格。

8.2 职业技能鉴定考核内容

职业技能鉴定以《电力工人技术等级标准》为依据,按电力行业职业技能鉴定指导中心组织制定的职业技能鉴定规范和国家电力职业技能鉴定试题库试题进行考核。

表3 水泵检修工鉴定内容

鉴定项目		鉴定范围	鉴定内容	重要程度	鉴定比重(%)
知识要求	基础知识	1. 识图绘图	(1)零件图的识读与测绘; (2)装配图的识读, (3)热力系统图的基本知识	3 3 2	8
		2. 流体力学	(1)了解流体静力学和动力学的基本知识; (2)熟悉水力阻力计算的基本知识	2 2	4
		3. 钳工	(1)掌握精密量具的使用与维护方法; (2)掌握刮削、研磨、矫正、弯曲的工具和操作方法; (3)装配与修理的基本知识	2 2 2	6
		4. 金属材料	(1)金属材料(含非金属)的基本知识; (2)水泵专用金属材料和填料的牌号、性能及用途; (3)具有金属热处理、金属监督的基本知识	2 2 2	6
		5. 电厂生产过程	(1)发电厂的生产过程; (2)电厂主要设备的简单结构和工作原理; (3)了解电厂辅助生产系统的设备和作用	2 2 2	6

鉴定项目		鉴定范围	鉴定内容	重要程度	鉴定比重（%）
知识要求	专业知识	设备	(1)水泵的工作原理、性能曲线和技术要； (2)中压给水泵、离心式循环水泵等较大型水泵及附属设备的性能和工作原理； (3)汽轮机、锅炉本体及其辅助设备的构造、规格和一般工作原理	4 3 3	10
		检修	(1)水泵的调整方法和有关计算的基本知识； (2)水泵的启动程序、各种特性试验方法和油质调整知识； (3)水泵零部件配合间隙对水泵性能、效率的影响； (4)中高压水泵检修的程序和方法； (5)驱动水泵汽轮机的一般检修程序和方法； (6)水泵检修质量标准、验收项目及验收方法； (7)汽轮机检修相关工艺规程； (8)熟悉带、链、齿轮等传动知识； (9)熟悉润滑剂、润滑装置及其系统	5 5 5 5 3 3 3 3 3	35
		工器具的使用	(1)水压检修专用手动、风动、电动机具的构造及使用和保养知识， (2)复杂的工具、夹具、模具、量具的正确使用方法	5 5	10
知识要求	相关知识	相关工种	(1)热工一般知识； (2)电工一般知识； (3)起重基本知识； (4)汽轮机、锅炉运行的一般知识	2 2 2 1	7
		质量管理	(1)质量信息管理的基本概念， (2)工作质量管理点的概念和控制方法； (3)质量方针、目标管理和质量审核的一般概念	2 2 1	5
		安全	《电力工业技术管理法规》、《电业安全工作规程》、《电力生产事故调查规程》及消防规程中专本专业有关条文的规定	3	3

（续表）

鉴定项目		鉴定范围	鉴定内容	重要程度	鉴定比重（%）
技能要求	专门技能	钳工操作	具有刮削、装配、修理等钳工操作技能	12	12
		识图与绘图	(1)看懂水泵构造图、有关部件装配图；	8	13
			(2)绘制一般的零件加工图	5	
		技术管理	(1)收集、整理、书写检修技术记录、工作小结和事故分析报告；	8	15
			(2)根据检修项目编制一般工料预算	7	
		检修	(1)检修、组装离心泵、轴流泵等中高压水泵；	6	40
			(2)测量水泵的轴弯曲度，并在指导下进行直轴工作；	6	
			(3)进行中高压水泵联轴器找中心工作；	6	
			(4)进行叶轮找静平衡工作；	6	
			(5)担任汽轮机、锅炉一般设备的检修工作；	5	
			(6)具有拆装、更装、修复本工种的主要辅助设备的技能；	6	
			(7)分析和判断水泵的一般故障原因，协助处理水泵振动、平衡盘磨损等较复杂的设备缺陷	5	
	相关技能	培训、传艺	指导初级工的技能操作和传授技艺	5	5
		起重操作	能配合起重工进行一般的起重操作	5	5
		安全生产	(1)掌握安全生产规程、事故处理规程、消防规程中有关规定；	3	10
			(2)能正确使用各种消防器材进行灭火；	2	
			(3)熟练掌握心肺复苏法；	2	
			(4)按企业有关文明生产的规定，做到工作场地整洁，设备、工具摆放整齐	3	

8.3　鉴定考评办法

技能鉴定分理论知识和实际操作两部分。

专业综合知识考试采用笔试形式，考试成绩采用百分制，100 分为满分，60 分为及格。

实际操作技能考核采用在考场实际操作的方式，以模拟操作为主，考核成绩采用百分制，100 分为满分，60 分为及格。

理论知识和实际操作成绩均在 60 分以上者，方为技能鉴定合格。

9　其他说明

要求本专业毕业生必须取得水泵检修工中级证书。允许部分优秀学生参加高级工培训与取证。

五　管阀检修工职业资格取证标准

适用专业：电厂热能动力装置专业
编 制 人：魏佳佳，朱志
审 定 人：王向阳，王成
制定时间：2013.5.8

1　制订依据

本标准依据职业岗位标准和专业教学标准，通过分析电力行业企业发展现状与人才需求，剖析职业岗位素能要求，结合国家和行业内专业技术标准、工作标准和管理标准，实现职业技能的内涵与职业岗位无缝对接，实现职前教育和职后培训的无缝对接。

2　主要内容与适应范围

本标准规定了管阀检修工（中级、高级）岗位的培训内容与要求和取证考核标准。

本标准适用于管阀检修工（中级、高级）岗位的培训和取证工作。

3　规范性引用文件

管阀检修工《国家职业技能鉴定规范》

4　培训教师

具有中级以上专业技术职称的工程技术人员和高级工、技师，并经师资培训取得资格证书，可担任中、高级培训教师。

5　培训场地和设备

(1)具有基本技能训练的实习场所及与现场一致的实际操作训练设备。

(2)具备本职业（工种）基础知识培训的教室和与教学设备。

(3)电厂生产现场实际设备。

(4)具有常用的工机具及设备和计算机。

6　培训项目

6.1　培训目的

通过培训达到《职业技能鉴定规范》对本职业的知识和技能要求。

6.2　培训方式

以生产现场的实际检修与技能培训基地模拟检修相结合的方式，进行本工种的技能训练。

6.3　培训重点

(1)管阀设备规范及检修规程包括：①高压汽水管道；②截止阀；③闸阀；④调整阀；⑤逆止阀；⑥安全阀；⑦阀门自密封部分；⑧法兰盘与支吊架。

(2)检修、维护操作包括：①管道的更换与弯制；②阀门的检修与调试；③钳工的实际操作技能；④法兰盘与支吊架的检修与验收；⑤阀门的水压试验；⑥故障分析、判断和处理。

7　培训大纲

本职业技能培训大纲，以模块组合(MES)—模块(MU)—学习单元(LE)的结构模式进行编写(见表1)；职业技能模块及学习单元对照选择表见表2。

表1 管阀检修工培训大纲

模块名称	单元名称	学习目标	学习内容	参考学时
MU1 发电厂检修人员的职业道德及电力法规	LE1 管阀检修人员的职业道德及电力法规	通过本单元的学习之后，了解火力发电厂管阀检修人员的职业道德规范，并能自觉遵守行为规范准则和电力法规的规定	(1)热爱祖国、热爱本职工作； (2)刻苦学习、钻研技术； (3)爱护设备、工具； (4)团结协作； (5)遵守纪律、安全文明施工； (6)尊师爱徒、严守岗位职责； (7)电力法规的内容	4

（续表）

模块名称	单元名称	学习目标	学习内容	参考学时
MU2 安全技术措施	LE2 安全措施	通过本单元的学习之后，了解安全规定的有关内容并能做好安全工作	(1)管阀检修人员具备的条件； (2)检修人员应注意的事项； (3)保证安全的组织措施	4
	LE3 技术措施	通过本单元的学习之后，能了解安全的技术措施，并能做好安全工作	(1)了解工作票的内容； (2)正确填写工作票，并能做好安全措施和工作票的签发； (3)学习与本专业有关的安全知识； (4)能进行一般的紧急救护； (5)了解安全、技术、质量管理工作的内容、方法； (6)了解《电力生产事故调查规程》中与本岗位有关的内容	8
MU3 基础理论知识	LE4 电力生产常识	通过本单元的学习之后，了解火电厂生产过程，主要设备及参数	(1)了解火电厂生产过程及能量转换的一般知识； (2)了解火电厂主要生产设备的名称和作用； (3)了解火电厂机组启动及停止方式； (4)了解火电厂机组主要运行参数的基本内容及含义	4

（续表）

模块名称	单元名称	学习目标	学习内容	参考学时
MU3 基础理论知识	LE5 热工基础	通过本单元的学习之后，掌握热工基础知识；传热的方式及在电厂中的应用；热力循环方式，热工仪表自动保护的知识	(1)了解水蒸气基本参数的概念，变化规律及热力过程的简单计算方法； (2)了解、掌握功、功率、能量的概念、计算方法及能量转换和守恒定律； (3)了解、掌握传热的三种基本形式及计算方法以及在电力生产中的应用； (4)了解换热器的工作原理； (5)懂得蒸汽动力装置的各种循环方式及热力学第一、第二定律； (6)懂得汽水系统常用热工仪表、热工自动装置、热工保护的名称及作用	30
	LE6 应用电工	通过本单元的学习之后，掌握基本的电工知识，了解专业电工知识及火发电厂中厂用的配置	(1)了解电路的基本知识、参数及简单计算； (2)了解电动机的工作原理、配置方式及熔断器的配置； (3)了解正弦交流电路、对称三相电路的概念、种类及常用接线方式； (4)了解继电保护的基本知识； (5)了解发电机、变压器的工作原理及冷却方式； (6)懂得火力发电厂厂用电的配置	16
	LE7 流体力学	通过本单元的学习之后，掌握有关流体的基本知识、流动损失及在汽水系统中的运用	(1)懂得流体的基本知识； (2)掌握流体流动损失的分类原因及计算方法； (3)掌握压力管道生产水锤的原因、危害及预防方法	14

(续表)

模块名称	单元名称	学习目标	学习内容	参考学时
MU4 基本技能	LE8 识绘图	通过本单元的学习培训之后,了解三视图、零件图和装配图的作用、内容及表示方法,掌握表面展开图、热力系统图等的读图和绘制	(1)了解机械制图的基本知识、投影原理及三视图的表示方法; (2)了解零件图和装配图的作用、内容及表示方法,并能绘制; (3)掌握表面展开图并能在实物上绘制; (4)掌握热力系统图、管道系统安装的内容和表示方法,并能绘制; (5)掌握各管道附件在热力系统图上的表示方法	40
	LE9 钳工基础及操作	通过本单元的学习和操作训练,掌握钳工工具、夹具、量具及各种操作所用工具的种类、性能和使用方法,能利用各种工具进行简单的钳工操作和制作较复杂的零件	(1)懂得钳工常用设备、工具、夹具、量具的种类及使用方法; (2)能使用各种工具进行画线、錾削、锯割、锉削、钻孔、攻丝与套丝等单项操作; (3)掌握有关的钳工基本计算; (4)能综合使用各种操作,进行较复杂零件地制作	30
	LE10 起重与搬运	主要通过本单元的操作训练,掌握起重的基本操作和特殊操作,并能搭设简单的脚手架	(1)掌握起重的简单操作; (2)正确使用和维护起重的各种工机具; (3)正确搬运一般设备管道; (4)正确搭设简单脚手架	15

（续表）

模块名称	单元名称	学习目标	学习内容	参考学时
MU5 管道阀门及附件	LE11 汽水系统	通过本单元的学习之后，掌握汽水系统的主要规范参数及相关的知识	(1)火力发电厂主要汽水系统的组成、参数及作用；(2)火力发电厂各汽水系统的规格、布置方式、特点和技术要求；(3)火力发电厂各汽水系统主要辅机的规范与一般原理	15
	LE12 阀门基础知识	通过本单元的学习之后，掌握有关阀门的种类、作用、构造、传动、保护及控制等方面的知识	(1)阀门的种类、型号、作用及基本构造；(2)特种阀门的构造、作用及工作原理；(3)阀门传动装置的种类、构造及工作原理；(4)阀门自动控制、自动调节、自动保护装置的种类和作用	20
	LE13 管道及阀门检修	通过本单元的学习和操作培训，能熟练地进行管道阀门的检修和维护	(1)拆装、检修各种高压、中压、低压阀门及标准；(2)各种高、中、低压阀门的研磨及标准；(3)高、中、低压管道的拆装、更换及检修；(4)委员长中管道坡口的制作、及标准，高、中、低压管道的热弯、冷弯操作方法	40
	LE14 管阀常见故障、缺陷及消除	通过本单元的学习和操作培训，能正确消除各种常见缺陷	(1)阀门压兰、法兰、接头、砂眼、裂纹的缺陷消除；(2)各种管道焊口、砂眼及裂纹的处理；(3)阀门密封面的缺陷及处理；(4)阀门执行机构的缺陷及处理；(5)安全门误动的消除	30

（续表）

模块名称	单元名称	学习目标	学习内容	参考学时
MU5 管道阀门及附件	LE15 管道系统安装及验收	通过本单元的学习之后，掌握管道安装，验收的全过程	(1)管道使用前的检查、验收； (2)管道强度计算； (3)管道支吊架的安装、调整及检验； (4)管道水压试验； (5)管道保温； (6)管道验收标准	20
	LE16 阀门调整、试验及验收	通过本单元的操作培训，熟练进行各种阀门的调整、试验及验收	(1)阀门执行机构的调整验收标准； (2)阀门行程及力矩的调整验收标准； (3)汽水系统安全门的调整校验及验收标准； (4)特种阀门的调整校验及验收标准	20
MU6 工机具	LE17 检修工器具	通过本单元的学习之后，了解并掌握常用手动、电动工具及专用机具的使用	(1)解向磨光机、电钻、手动割管机的规格、使用及保养知识； (2)专业研磨工具的规格、使用和保养	8
	LE18 常用工机具的使用与保养	通过本单元的学习之后，了解并掌握常用精密仪器的使用和保养	(1)测温仪、测厚仪、超声波探伤仪、硬度仪等精密仪器的使用和保养； (2)常用精密仪器的使用与保养	8

（续表）

模块名称	单元名称	学习目标	学习内容	参考学时
MU7 材料	LE19 检修材料	通过本单元的学习之后，了解并掌握常用检修材料的名称、规格、性能和使用方法	(1)管阀检修常用紧固件的名称、型号、规格和用途；(2)填料、密封材料、金属垫片及非金属垫片；(3)清洗剂、涂料、研磨材料的名称、规格和用途；(4)密封环、安全阀密封圈、弹簧及流量孔板常用备品、配件的规格和使用知识；(5)螺纹的类型和标准；(6)保温材料的名称及主要性能；(7)常用润滑剂的种类、质量指标及应用范围	20
	LE20 金属材料	通过本单元的学习之后，了解并掌握金属材料以及电厂常规金属材料的各种性能及用途	(1)金属材料的分类及表示方法；(2)铁合金的种类、牌号、表示方法和基本用途；(3)金属材料的物理性能；(4)金属材料的基本力学；(5)管阀设备专用金属材料的规格、性能及用途等知识；(6)电厂常用金属材料知识	15
	LE21 焊接与热处理	通过本单元的学习之后，能正确选择焊接方法并能选择正确的热处理方法	(1)焊接概念及种类；(2)常用焊接工具、焊接材料的名称、分类、性能和用途；(3)常用焊接接头、坡口的形式；(4)热处理的目的和作用	16

（续表）

模块名称	单元名称	学习目标	学习内容	参考学时
MU8 规范	LE22 金属监督	通过本单元的学习之后，了解金属监督的知识，并能够对汽轮机、锅炉的汽水管阀设备进行正确的金属监督	(1)金属监督的范围和任务； (2)金属监督检验的基本方法和内容； (3)高温、高压管道系统金属监督的范围、任务和基本要求； (4)高温、高压管阀金相组织变化导致失效的基本知识； (5)金属在长期运行中组织性质的变化以及损坏的机理； (6)金属在高温下的氧化和腐蚀机理以及机械性能变化的知识	20
	LE23 化学监督	通过本单元的学习之后，掌握化学监督的基本知识	(1)热力系统基本知识及要求； (2)主蒸汽管道、汽轮机油系统、燃油管道吹扫的目的、要求和方法； (3)热力系统停运期间化学监督的内容、方法及注意事项； (4)热力系统基建期间化学监督的内容、方法及注意事项	15
	LE24 压力容器的监察及检验	通过本单元的学习之后，了解、掌握锅炉等压力容器的监察检验方法及内容	(1)压力容器的检验方法； (2)《电力工业锅炉压力容器监察规程》及《电力工业锅炉压力容器检验规程》中的有关规定； (3)锅炉监察的目的、任务、范围及要求； (4)压力容器、压力管道、安全附件的监察检验内容	20

（续表）

模块名称	单元名称	学习目标	学习内容	参考学时
MU9 相关设备	LE25 汽轮机及辅机设备	通过本单元的学习之后，了解汽轮机及其辅机设备的总体布置方式及特点，并了解其常规检修项目及技术要求	(1)汽轮机汽水循环过程基本知识； (2)汽轮机汽水系统的类型及工作特点； (3)汽轮机总体布置方式及特点； (4)汽轮机本体及其辅机设备的常规检修项目和技术要求	6
	LE26 锅炉本体及辅机设备	通过本单元的学习之后，了解锅炉本体及其辅机设备的总体布置方式及特点，并了解其常规检修项目及技术要求	(1)锅炉汽水循环过程基本知识； (2)锅炉汽水系统的类型及工作特点； (3)锅炉本体布置方式及特点； (4)锅炉本体及其辅机设备的常规检修项目和技术要求	8
MU10 相关知识	LE27 消防知识	通过本单元的学习之后，了解并能正确实施现场防火、灭火工作，并能正确选择、使用灭火器材	(1)灭火设施、器材的名称、作用及使用保养； (2)对生产现场的防火、防爆措施； (3)油泵房、油罐、电缆防火、灭火知识	4
	LE28 管理知识	通过本单元的学习之后，熟悉经营、质量、技术管理等有关内容，并能组织和指挥本专业的有关工作	(1)班组管理工作的内容和方法； (2)对生产现场的防火、防爆措施； (3)油泵房、油罐、电缆防火、灭火知识	8
	LE29 计算机知识	通过本单元的学习之后，能够查询、检修技术管理数据，进行简单的人机对话	(1)班组管理工作的内容和方法； (2)安全管理工作的内容和方法； (3)技术管理工作的内容和方法； (4)质量管理工作的内容和方法	50

表2 职业技能模块及学习单元对照选择表

模块		MU1	MU2	MU3	MU4	MU5	MU6	MU7	MU8	MU9	MU10
内容		发电厂检修人员的职业道德及电力法规	安全技术措施	基础理论知识	基本技能	管道阀门及附件	工机具	材料	规范	相关设备	相关知识
参考时间		4	13	64	85	145	16	41	55	14	62
适用等级		中级 高级	中级 高级	中级 高级	中级 高级	中级 高级	中级 高级	中级 高级	中级 高级	中级 高级	中级 高级
学习单元LE序号选择	中	1	2、3	4、5、6	8、10	11、12、13、14	17、18	19、20、21	22、23	26	27、29
	高	1		6、7	8	14、15、16		20、21	22、23、24	25、26	28、29

8　取证考核方式

8.1　申报条件

(1)掌握本专业必备的基础理论知识和专业知识。

(2)具备从事本岗位工作的职业能力和技能。

(3)具备良好的职业道德和敬业精神。

(4)机械设计与制作、机械制图、AUTOCAD 机械绘图、热力设备检修工艺四门理论课程和管阀检修实训成绩合格。

8.2　职业技能鉴定考核内容

职业技能鉴定以《电力工人技术等级标准》为依据,按电力行业职业技能鉴定指导中心组织制定的职业技能鉴定规范和国家电力职业技能鉴定试题库试题进行考核。

表 3　管阀检修工鉴定内容

项目		鉴定范围	鉴　定　内　容	重要程度	鉴定比重(%)
知识要求	基础知识	识、绘图	(1)了解零件图的作用、内容及表示方法; (2)了解装配囿用途、内容及表示方法; (3)了解表面展开图的基本作图方法	2 2 1	5
		钳工基础	(1)熟悉钻孔、攻丝、套丝工艺中使用的工具种类、用途、要求及使用方法; (2)掌握攻丝螺纹底孔的确定方法; (3)懂得精密量具的使用方法; (4)了解立体画线工具的使用方法和步骤; (5)了解锪孔、绞孔、平面刮削的应用及工具使用方法	1 1 1 1 1	5
		热工基础	(1)了解工质的温度、压力、比容的变化规律; (2)掌握功、功率的基本计算方法; (3)了解水蒸气汽化与凝结的概念; (4)了解换热器的工作原理; (5)了解热能、比热容的基本概念	2 2 2 1 1	8
		电工常识	(1)了解电动机的工作原理及配置方式; (2)了解熔断器的配置	1 1	2

（续表）

项目		鉴定范围	鉴定内容	重要程度	鉴定比重（%）
知识要求	专业知识	汽水系统	(1)熟悉火力发电厂主要汽水系统的参数及作用； (2)懂得火力发电厂主蒸汽管道系统、再热蒸汽管道系统、给水系统等高压高温管道系统的规格、布置特点和技术要求； (3)了解火力发电厂汽水系统中主要辅机(给水泵、凝结泵、强制循环泵等)的规范与一般工作原理； (4)了解管道热膨胀的概念、热补偿的方法及补偿器的类型； (5)掌握管道热膨胀的计算方法； (6)了解管道支吊架的作用、类型； (7)掌握管径的选择方法和管径、管壁的计算知识	2 3 2 2 2 2 2	15
		阀门	(1)熟悉调节阀、安全阀的类型、构造、作用、工作原理； (2)了解阀门的驱动装置的类型、作用和结构	3 3	6
知识要求	专业知识	检修工器具	(1)了解专用研磨工具的名称、规格、使用和保养知识； (2)了解电动水压泵、弯管机等管阀检修专用机具的名称、规格、使用和保养知识	3 3	6
		检修材料	(1)掌握管道阀门设备专用金属材料的规格、性能、用途等知识； (2)掌握管阀检修的填料、垫料、紧固件适用范围和选用原则； (3)了解管道常用保温材料的名称及主要性能； (4)熟悉螺纹的类型、标准； (5)掌握螺纹联接、键联接、销联接的种类、应用； (6)了解轴承分类、结构、用途，熟悉滚动轴承代号； (7)了解常用润滑剂种类、质量指标和应用范围； (8)了解密封装置的形式及应用范围	3 3 3 1 1 1 1 1	14

（续表）

项目		鉴定范围	鉴定内容	重要程度	鉴定比重（%）
知识要求	专业知识	管阀检修	(1)掌握高压给水管道和阀门的检修工艺、验收项目、方法及质量标准； (2)掌握高压阀门执行机构的检修工艺、检验程序和质量标准； (3)熟悉安全阀的检修方法，了解定值和校验程序； (4)掌握高压管道的弯制方法及技术要求； (5)懂得高压管道系统安装的知识及技术要求	3 2 2 3 2	12
		金属监督	(1)了解金属监督的范围和任务； (2)了解高压给水管道金属监督内容和要求； (3)懂得压力容器的检验方法	2 2 2	6
		焊接及热处理	(1)了解常用焊接接头、坟口形式； (2)了解焊接材料分类、性能、用途； (3)了解热处理的目的、作用	1 1 1	3
		起重	(1)了解常用起重机具名称、规格、作用、使用和保养知识； (2)懂得脚手架的搭设要求	1 2	3
	相关知识	安全	(1)掌握《电业安全工作规程》、《电力生产事故调查规程》中与本工种有关的奈文； (2)熟知工作票的作用及有关人员的职责	5 3	8
		消防	(1)熟悉生产现场防火防爆知识； (2)熟悉油泵房、油罐、电缆的防火灭火知识	4 3	7

（续表）

项目		鉴定范围	鉴定内容	重要程度	鉴定比重（%）
知识要求	专业知识	识、绘图	(1)能绘制一般零件加工图； (2)能看懂汽水管道、阀门设备结构图及有关部件装配图； (3)会绘制表面展开图	3 3 4	10
		钳工操作	(1)会钻孔，攻丝、套丝； (2)会立体画线； (3)会锪孔、绞孔、平面刮削； (4)会确定攻丝螺纹底孔直径	2 2 2 1	7
		语言文字及计算	(1)能正确收集、整理并正确填写检修技术记录，编写工作小结和事故分析报告； (2)根据检修项目能编制一般工料预算	2 1	3
	专门技能	阀门、管件检修及验收	(1)具有拆装、更换、检修高压阀门的操作能力及验收技能； (2)具有研磨高压阀门的操作技能； (3)能检修、验收汽水系统的安全阀； (4)能进行中低压门、管件使用前的检验； (5)能进行高压阀门执行机构的测量、检修	3 3 3 3 3	15
		管道系统检修及验收	(1)具有拆装、更换、检修高压给水管道及制作焊接及坡口的操作及验收能力； (2)能弯制中小直径高压管道的弯头； (3)能进行中低压管道使用前的检验	3 3 3	9
		(3)管阀调整、试验	(1)能校正并检验管道支吊架； (2)能调整校验汽水系统安全阀； (3)能进行高压阀门执行机构的调整、校验工作	3 3 3	9
		工器具使用与保养	(1)能正确使用研磨工机具； (2)能正确使用水压泵、弯管机等专用机具	3 2	5
		管阀消缺	(1)能正确制定一般检修项目的安全技术措施； (2)能纠正违章作业，并能担任一般检修项目负责人； (3)能处理常用管阀较复杂的缺陷； (4)能处理阀门执行机构机械失灵的缺陷； (5)能处理安全阀误动的缺陷	3 4 3 3 4	17

（续表）

<table>
<tr><th colspan="2">项目</th><th>鉴定范围</th><th>鉴　定　内　容</th><th>重要程度</th><th>鉴定比重（%）</th></tr>
<tr><td rowspan="2">知识要求</td><td rowspan="2">专门技能</td><td>压力容器检验与金属监督</td><td>(1)能进行压力容器检验工作；
(2)能按金属监督规程配合金相人员进行有关的金属监督工作</td><td>3
2</td><td>5</td></tr>
<tr><td>起重与搬运</td><td>(1)会使用常用起重机具，能正确保养；
(2)能正确运输一般设备、管道；
(3)会正确搭设简单脚手架；
(4)能进行管阀检修中简单切割工作</td><td>2
1
1
1</td><td>5</td></tr>
<tr><td rowspan="3">技能要求</td><td rowspan="3">相关技能</td><td>消防工作</td><td>(1)能正确实施生产现场防火防爆措施；
(2)能进行油泵房、油罐、电缆防火灭火工作</td><td>3
2</td><td>5</td></tr>
<tr><td>相关专业检修</td><td>(1)能参与相关专业一般的检修工作；
(2)能参加相关专业一般缺陷工作</td><td>3
2</td><td>5</td></tr>
<tr><td>培训</td><td>(1)正确指导初级工技能操作；
(2)能向初级工传授技艺</td><td>3
2</td><td>5</td></tr>
</table>

8.3　鉴定考评办法

技能鉴定分理论知识和实际操作两部分。

专业综合知识考试采用笔试形式，考试成绩采用百分制，100 分为满分，60 分为及格。

实际操作技能考核采用在考场实际操作的方式，以模拟操作为主，考核成绩采用百分制，100 分为满分，60 分为及格。

理论知识和实际操作成绩均在 60 分以上者，方为技能鉴定合格。

9　其他说明

要求本专业毕业生必须取得管阀检修工中级证书。允许部分优秀学生参加高级工培训与取证。

第五篇　电厂热能动力装置专业培养方案

编写者：王向向，朱志，黄蔚雯

审核者：俞民，孙雪松，李腾

1　培养目标

本专业重在培养为社会主义现代化建设服务，德、智、体、美全面发展；熟悉火力发电生产基本工作过程，掌握火力发电生产设备系统工作特性，具备从事火力发电工程相关工作岗位所必需的专业技术知识和相关岗位专业技能及相关专业技术规范知识，能胜任火力发电设备与系统运行、安装、检修、维护、管理等岗位；并具有较强的职业综合工作能力和可持续发展能力，具有良好的职业道德、爱岗敬业精神、合作协同精神和现代文明习惯的高素质应用技能型专门人才。

2　修业年限和学分要求

招生对象：完成全国普通全日制高中学业的毕业生

学　制：基本学制 3 年，实行 2.5～5 年弹性学制

总 学 时：2248 学时

学分要求：毕业应达到的最低学分为 124 学分

3　专业面向与岗位需求分析

本专业毕业生主要就业面向：

本专业毕业生的主要就业面向是火力发电厂、电力检修企业、电力建设企业、大型企业的自备电厂、热电联产的供热企业、新能源发电企业等单位。通过多年企业现场岗位需求调研与交流研讨，经过对往届毕业生工作岗位的持续跟踪调查，本专业毕业生就业岗位主要为运行值班员岗位群（锅炉、汽机、输煤、脱硫、除灰、化学水处理等）和安装、检修岗位群（锅炉本体、汽机本体、水泵、风机、换热器、冷却器、燃料运输等设备），电力检修公司、电力科学研究院的热力设备运行试验、调试岗位。

主要岗位和典型工作任务分析如下表所示：

典型工作任务和岗位能力分析表

岗位群	岗位	典型工作任务	岗位职业能力要求
运行类	锅炉运行值班员	锅炉上水操作汽包水位调节； 风烟系统启动及风烟系统参数调节； 锅炉点火操作调节； 调整锅炉5%旁路开度及高旁开度控制气温汽压符合启动曲线； 制粉系统启动及制粉系统参数调节； 典型锅炉运行事故处理与调节	能够进行锅炉冷、热态启动与正常停运、事故停运； 运行事故处理与分析能力，设备运行故障处理； 能够响应负荷变化进行燃烧调节及相关参数调节
	汽机运行值班员	锅炉点火后暖管暖缸； 冲转及升速调节； DEH上升负荷操作； 除氧器汽源，轴封汽源切换； 汽泵与电泵并列运行操作； 并网操作	能够进行汽轮机冷、热态启动与正常停运、事故停运。 运行事故处理与分析，设备故障判断与处理； 熟悉除氧器、加热器、凝汽器等辅助设备的操作
	辅机运行值班员	发电厂辅机系统选用的各类泵与风机的结构与相关工作特性，火电厂辅机系统运行与启停操作，泵与风机运行的典型事故判断与处理	火电厂辅机设备运行，辅机设备运行调节，故障判断与处理

（续表）

岗位群	岗位	典型工作任务	岗位职业能力要求
检修安装类	锅炉检修工	电厂锅炉的各组成设备及系统基本关联安装、维护； 燃烧设备、制粉设备的结构及系统；锅炉本体设备（水冷壁、过、再热器、省煤器、空气预热器）的结构及系统基本安装、维护与调试；自然循环与控制循环锅炉的工作特性； 蒸汽净化设备巡检和维护； 锅炉管阀和联箱的安装、检修	掌握发电厂锅炉设备原理及结构； 锅炉辅助设备及发电厂汽水系统的设备布置； 锅炉管阀和联箱的检修工艺
	汽机检修工	汽缸、隔板和喷嘴，动叶片、叶轮和转子，围带和拉金，轴承的结构安装、检修与维护。汽轮机盘车装置结构安装、检修与维护。汽缸的支承和滑销系统安装、检修与维护； 汽轮机主机润滑油系统及设备维护；	熟悉汽轮机本体和调速系统原理和结构
	水泵与管阀检修工	辅机设备检修过程中的拆卸、修理、装配等； 转动设备的安装、检修； 管阀检修工艺和弯管工艺等； 水泵拆装、检修。管道、阀门的结构	掌握热力设备的检修工艺与流程，具备判断、修复设备缺陷的能力。正确填写测量数据、设备缺陷处理情况等检修技术记录
	热控设备维护	热工参数如温度、压力、流量、液位的测量方法。常用传感器及显示仪表（模拟式和数字式）的基本结构及使用方法。测量数据处理方法	热工信号测量和处理能力

本专业人才培养目标与职业能力分析

本着“教学三通、能力递升”工学结合人才培养模式的建设思路，依据企业对相关岗位群的任职要求和典型工作任务的分析。

本专业的培养目标是：

具有岗位任职必需的专业知识、电厂动力设备运行操作与检修的基本技能，熟悉电力生产过程，能直接从事电厂热力设备的安装、火电厂（新能源电厂）系统运行、热力设备的安装检修与维护等工作，并具有较强的职业综合能力和可持续发展能力的高素质技能型专门人才。

职业能力归纳见下表：

电厂热能动力装置专业职业能力

能力归纳	具体描述
基本工程能力	计算机辅助岗位工作应用能力
	专业识图与制图能力
	专业钳工基本操作能力
	管工基本操作能力
	焊工基本操作技能
	机械部件拆装操作能力
岗位职业　能力	泵、风机的维护、常见故障诊断、安装、检修操作能力
	热工信号测量和处理能力
	进行锅炉、汽轮机冷态启动、热态启动能力；正常的运行调节与正常停运、事故停运操作能力
	进行锅炉、汽机本体及辅机的检修与维护，对主要设备的结构拆卸与组装，能按照维修单逐项实施检修
	电厂热力系统与辅助设备、化学水处理设备及其运行、输煤的检修及其运行、除灰脱硫设备的运行及其维护的维护检修能力
岗位职业综合能力	以锅炉、汽轮机运行值班员、主辅设备检修中级工鉴定标准作为岗位职业能力培养目标，能够分析和处理电厂运行、检修生产过程中遇到的常见问题，具有一定的对电厂生产中遇到事故会分析和处理能力。沟通协调能力，团队协作能力。按照职业资格标准进行考核，保证学生毕业前获得中级职业资格证书所要求的能力

按照"教学三通、能力递升"的专业人才培养模式思路，根据职业能力成长和职业技能递进提高的规律，构建由通识课程、专业知识课程、专业核心课程、实践实训环节组成的课程体系。

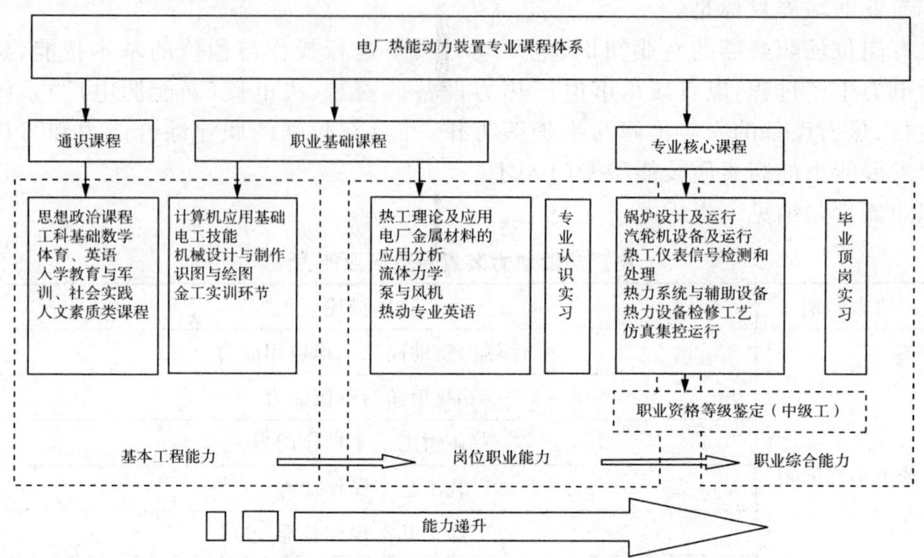

4 教学进程总体规划

本专业（独招）为了更紧密地贴近生产实际加强学生专业技能的培养，改变以往长学期的教学进程模式，将以往三学年六学期的教学实施进程规划为三学年八学期。

对每学期的教学综合目标进行规划，学期综合目标渐次递进。

第一学期为综合素质培养与专业认知；

第二学期为专业认知与专业知识培养；

第三学期为岗位职业基本技能培养；

第四学期为岗位认知与岗位专业知识培养；

第五学期为岗位专业技能综合培养；

第六学期为岗位专业技能实训；

第七学期为岗位专业综合技能及知识拓展；

第八学期为毕业综合实训。

教书重在育人，在整个教学的全过程中，注重对学生的综合素质培养。在完成专业知识教学基础上，着力强化专业技能的培养，把学生集中适时地放在实际生产环境中，将有利于使学生专心于专业实际应用技能的养成，使学生在实际工作和仿真实训的执行中完成专业技能的训练与培养。

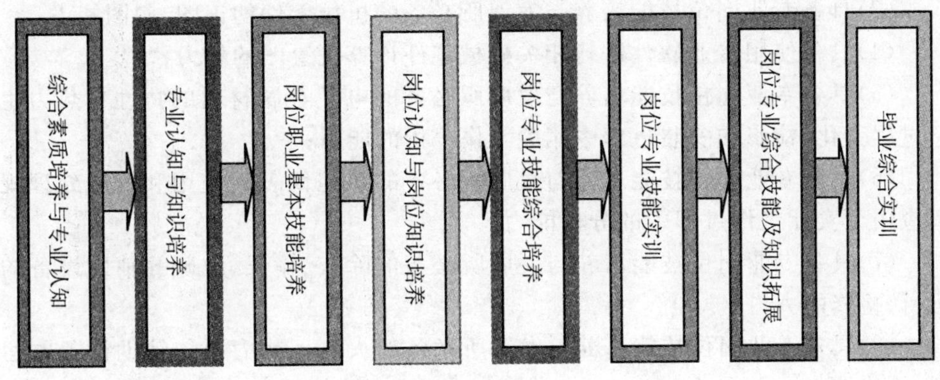

专业知识与专业技能培养教学环节规划

5 基于岗位需求分析的专业培养要求

5.1 知识构成

(1)掌握专业岗位技能培养与发展所必备的工科数学应用知识；

(2)掌握专业岗位技能培养所需的英语知识、计算机应用知识；

(3)掌握专业岗位技能培养所涉及的电工学应用知识、机械制图、识图技能知识；

(4)掌握专业岗位技能培养与发展所必备热工应用知识、流体力学泵与风机应用知识和相关技能规范；

(5)掌握专业岗位技能培养与发展所必需的热力控制过程的仪表和信号检测知识；

(6)掌握专业岗位技能培养与发展所必需电厂热工控制系统、智能仪表知识和相关技术规范；

(7)掌握专业岗位技能培养与发展所必备的电厂热力系统和化学水处理、除灰、输煤等辅助系统的流程和运行知识及操控技能规范；

(8)掌握专业岗位技能培养与发展所必需的锅炉、汽轮机系统构成及设备结构、工作特性、系统关联、运行操作和检修流程与规范方面的知识。

(9)了解新能源技术发展状况，脱硫、脱硝系统工作过程和操控规范。

5.2 能力要求

(1)具备查阅基本专业英语技术资料，并能识别热力设备操控系统界面、相关英文说明和简单口头交流能力；

(2)具备专业岗位技能培养与发展所必备的计算机基本操作能力与常用办

公软件应用能力；

(3)具备专业岗位技能培养与发展所必备的机械零件的识图、制图能力；

(4)具备使用专业软件进行相关机械零件计算机绘图的能力；

(5)具备专业岗位技能培养与发展所必备的电厂金属材料的特性在热力生产过程变化、检修和安装过程中相关工作分析的能力；

(6)具备专业岗位技能培养与发展所必备的热控仪表的使用和信号处理规范应用于实际工作过程中的分析能力；

(7)具备专业岗位技能培养与发展所必备的除灰、输煤、脱硫等辅助设备的运行、检修能力；

(8)具备专业岗位技能培养与发展所必备的火电厂热力系统辅助设备的运行、检修能力；

(9)具备专业岗位技能培养与发展所必需的锅炉、汽轮机系统本体设备和辅助设备的安装、调试、维护的能力；

(10)具备专业岗位技能培养与发展所必需的锅炉系统运行的基本启停、调节和典型事故处理能力；

(11)具备专业岗位技能培养与发展所必需的汽轮机系统运行的基本启停、调节和典型事故处理能力；

(12)从专业岗位技能培养与发展，具备一定的对基本生产过程组织和生产成本基本核算能力。

5.3 素质要求

热爱国家，拥护中国共产党领导，具有良好的思想道德品质；愿为社会主义现代化建设服务；具有良好的爱岗敬业的职业素养、遵纪守法；具有一定的岗位沟通能力，团结合作的良好品质。有健康的体魄、良好的心理素质，积极向上、不断进取的精神风貌。

5.4 技能等级证书要求

按照“双证制”的高职培养方式要求，学生毕业成绩合格者可取得《毕业证书》和《职业技能证书》(工种见附表三)。根据学生单科成绩与技能要求，可取得计算机等级证书、英语等级证书、autoCAD 制图证书。

6 知识、能力与素质分析

知识能力与素质分析表

素质要求	能力	相关课程	培养目标
职业综合素养	思想品德	思想道德修养与法律基础 毛泽东思想和中国特色社会主义理论体系 入学教育与军训 社会实践	爱祖国、爱人民、热爱中国共产党，坚定正确的政治方向，是非分明，以明礼诚信为核心的道德品质，认识现代的中国国情，坚定爱国主义信念。具有法制观念
	综合数学应用能力	工程数学应用 专业数学 应用	将所学的工程数学知识应用于专业问题的分析应用。能较好地将工程数学知识与专业知识结合运用于实际
	综合社会能力	体育、职业道德教育、心理健康教育、人文类课程、毕业综合实训	良好的身体素质，团队的合作精神、公平竞争、团结协作。心理健康，具有克服困难、克服危机的能力。事业心、责任心、奉献精神
	计算机应用能力	计算机应用基础 计算机程序语言应用基础	熟练地操作和使用计算机及其外部设备。掌握常用系统软件及应用软件的安装使用和维护知识。能结合专业需求并应用于专业岗位技能的培养活动中
	英语综合应用能力	英语知识、专业应用英语	英语达到高职、高专国家考试标准。日常英语基本听、说能力。能达到阅读基本专业英文技术资料的水平和应用于专业岗位技能的培养活动中

（续表）

素质要求	能力	相关课程	培养目标
专业知识能力素养	专业知识与工程应用	热工知识及应用、电厂金属材料的应用分析、热动专业认知实习，热力设备系统与结构认识实习	了解电厂的生产流程。掌握传热学理论、动力循环的构成、热力学定律、热工转换中的基本计算。掌握电厂所用材料的特性和选用规范
	专业电工学应用知识	应用电工学、应用电工技能实训	了解电路、电子器件的原理，应用电工操作；掌握直流电路、交流电路的分析计算方法。熟悉电工基本知识应用。了解电机设备基本结构与运行知识
	识图与机械应用的基本能力	机械制图、部件测绘实训、AUTOCAD 机械制图	能阅读和绘制机械加工零件图和产品装配图、能正确标注尺寸等。掌握常用机构和通用零件的工作原理和结构特点。能根据要求正确选择传动方式。掌握 AutoCAD 制图的一般方法。具备获得制图员中级资格证书和计算机绘图等级证书能力
	职业基本技能	钳工基本技能实训 焊接基本技能实训	培养学生在本行业内实际动手和完成相关工作的基本技能
专业岗位技能素养	泵与风机的安装、运行与维护技能	流体力学 泵与风机、热力设备检修	熟悉发电厂所选用的泵与风机的结构、工作原理、性能参数、工作特性，具备火电厂泵与风机及相关辅助设备安装、运行、正常维护等相关知识、工作规范与技能
	热工控制系统应用能力	热工仪表信号检测和处理 热力过程自动控制	掌握热工参数的测量方法，热工仪表的调试与安装，热工参数整定； 掌握热工自动控制系统的原理、维护知识；熟悉 DAS、DCS、MCS、DEH 等控制系统

（续表）

素质要求	能力	相关课程	培养目标
专业岗位技能素养	锅炉汽轮机设备与系统运行能力	锅炉运行、汽轮机运行、集控运行实训、电厂辅助设备运行及其维护	能够进行锅炉、汽机机组冷态启动、热态启动与正常停运、事故停运。事故处理与分析能力
	锅炉汽轮机设备与系统安装与检修、维护能力	锅炉设备、汽轮机设备、热力设备检修工艺	能够进行锅炉、汽机本体及辅机的检修与维护，掌握主要设备的结构和检修任务。能按照维修工作流程逐项实施
	辅助设备系统安装、运行、检修维护能力	电厂辅助设备的运行与维护、化学水处理设备及其运行、输煤的检修及其运行、除灰脱硫设备的运行及其维护。	掌握主要辅助设备的工作原理、结构。掌握主要辅助设备的运行特点和运行方式。能够分析设备运行状况和事故预测
	专业岗位综合能力	专业运检实习 毕业综合实训 行业工种技能鉴定	解决发电厂生产中遇到的常见问题的分析和处理 具有专业综合素养和通过行业行业中级工技能鉴定

7 课程设置

7.1 课程性质及数量比例

本专业共设置课程 45 门,其中必修课 28 门(其中:综合素质课程 10 门、专业知识与应用能力课程 9 门、岗位职业能力课程 9 门),限选课 9 门(其中:综合素质课程 2 门、岗位职业能力课程 2 门、专业拓展能力课程 5 门),任选课 9 门(综合素质课程 5 门、专业拓展能力课程 4 门)。各类课程的学时分配如下:

课程教学学时分配比例

课程性质	课程类别	课程全部 学时	学分	课程实际学时	课程实际学分	比例
综合素质	必修课程	470	28	470	28	23.76%
	限选课程	32	2	32	2	
	任选课程	80	5	32	2	
专业知识与应用能力	必修课程	462	26	462	26	20.55%
岗位职业能力	必修课程	1234	61	1096	57	50.71%
	限选课程	88	4	44	2	
拓展职业能力	限选课程	158	10	64	4	4.98%
	任选课程	96	6	48	3	
合计				2248	124	100%

7.2 课程内容及要求

本着"教学三通、能力递升"工学结合人才培养模式,基础课程的教学以应用和岗位职业技能培养为目的,以必要、够用为度,内容以掌握概念,保证具有实用的基础知识和为后续职业课的教学需要为教学重点;职业课教学内容则结合岗位职业技能需求和岗位实际工作情境分析加强相关内容的有效性、针对性和实用性,职业核心课程 5 门均要求按照教学做一体化设计教学内容。

7.2.1 必修课课程的内容要求如下:

7.2.1.1 思想道德修养与法律基础

主要进行社会主义道德教育和法制教育,帮助学生增强社会主义法制观念，提高思想道德素质，解决成长成才过程中遇到的实际问题。

7.2.1.2　毛泽东思想、邓小平理论与‘三个代表’重要思想概论

着重讲授中国共产党把马克思主义基本原理与中国实际相结合的历史过程，充分反映马克思主义中国化以及十六大以来的最新理论成果。帮助学生坚定在党的领导下走中国特色的社会主义道路的理想和信念。

7.2.1.3　英语知识与应用

通过对学生进行听、读、说、写、译的基本技能的训练，使学生掌握基础英语知识和一定的口语表达能力，并通过掌握一定的词汇量，为专业资料阅读打下良好的基础，并使学生通过英语应用能力 B 级水平考试。

7.2.1.4　体育与健康

通过体育基本理论和技术、技能的传授和有效的体育实践，达到增强学生的体质，促进学生身心健康的发展，培养学生自主和终身体育锻炼的意识和能力。

7.2.1.5　工程数学应用 专业数学应用

本课程主要讲授函数的极限与连续性、导数与微分、积分常微分方程级数、行列式、矩阵等内容，使学生掌握工科基础数学的基本概念，着重培养他们应用数学的基本概念和分析专业问题的方法与技能。结合专业学习和专业知识应用的相关数学知识点的强化与拓展。

7.2.1.6　计算机知识与应用

主要讲授计算机系统的基本知识，Windows 操作系统的使用，OFFICE2003 的使用，多媒体软件及设备的使用、利用 INTERNET 网络进行信息检索、软件下载、收发 E-mail 的基本知识和操作技能，具有文字处理、数据处理等应用软件的操作能力，初步具备使用杀毒软件防范计算机病毒的能力。

7.2.1.7　机械制图、机械制图 AutoCAD

讲授制图的基本理论，达到正确识图和绘制中等复杂的零件图和装配图。内容和要求略低于一般机械类，掌握 AutoCAD 制图的一般方法。可获得制图员中级资格证书和计算机绘图等级证书。

7.2.1.8　应用电工学

讲授内容包括电路原理、电工计量、电机、控制电路和控制系统、电子技术五部分，对电工计量、控制电路和控制系统作简单介绍。

7.2.1.9　热工知识与应用

讲述热力学基本定律、工质性质、热力过程和热力循环的基本概念及计算方法。

讲授热量传递的基本理论，介绍热量传递的基本计算，能定性和定量地分

析热量传递中的影响因素，培养学生对热量传递的分析能力，

7.2.1.10　电厂金属材料知识与应用

金属学基本知识、钢的热处理，常用金属材料性能，电厂用耐热钢类型，锅炉和汽轮机主要零部件用钢及材料失效分析。了解和掌握火电厂热力设备及辅助设备的基本用材及工作特性，常见材料在工作过程中与温度、压力之间的特性变化关联，在检修安装过程中不同材质的应用规范。

7.2.1.11　工程流体力学知识

讲授流体性质，流体静力平衡和流体运动规律的基本概念、基本原理和方程。培养学生对流体流动阻力形成及相关影响的分析能力

7.2.1.12　流体机械知识

介绍泵与风机的结构、性能，泵与风机的拆装，泵的气蚀现象分析与提高泵抗汽蚀性能的措施，泵与风机的运行调节，进而形成对行业内流体机械在热力系统工作过程中的作用和技能培养。

7.2.1.13　热力设备检修工艺(一体化课程)

热力设备检修过程中的拆卸、修理、装配量，重点突出各类设备在检修时的共性工艺，转动设备的安装工艺、管阀检修工艺和弯管工艺等。通过水泵拆装实训，使学生熟悉水泵的结构及功能，掌握水泵检修的基本技能，了解检修基本过程，熟悉检修工具使用，能承担水泵的检修任务，达到职业技能标准中级水泵检修工水平。通过管道、阀门检修实现，学生应熟悉管道、阀门的结构及功能，掌握管阀检修的基本技能。了解检修基本过程，熟悉检修工具使用，能承担管阀的检修任务，达到职业技能标准中级管阀检修工水平。

7.2.1.14　锅炉设备与运行(一体化课程)

讲授内容包括燃料的性质和制粉系统主要设备，锅炉的汽水系统及主要设备，锅炉的效率计算，受热面安装工艺和检修、更换管排的方法等。

7.2.1.15　汽轮机设备与运行(一体化课程)

讲授内容包括汽轮机的工作原理；多级汽轮机安全经济性分析；汽轮机的调节，汽轮机的本体结构及调节系统的组成等方面的知识等。

7.2.1.16　热工测量与仪表基础(一体化课程)

介绍温度、压力、水位及炉烟成分的测量方法及测量仪表，巡回检测装置基本原理和技术性能。主要学习信号采集与处理的方法。

7.2.1.17　热工数控系统知识与应用

了解现代热力系统控制的基本原理和系统设备结构、工作特性与系统架构特点。问题与热控系统维护，介绍自动控制系统的组成、特点、工作原理，单元机组蒸气温度、汽包水位控制系统、燃烧过程控制系统以及协调控制系统的作

用和组成、原理及实例分析

7.2.1.18　发电厂热力系统与辅助设备(一体化课程)

讲授内容有发电厂实际热力系统的组成、连接方法和运行知识,热力辅助设备的基本结构和运行知识,火力发电厂的运行经济性计算及分析。

通过提高生产现场相同的逼真环境,使学生熟悉开式水和闭式水系统、汽水系统、DEH 功能、FSSS 功能等等,熟悉热力设备的连接和热力系统流程。

7.2.1.19　锅炉运行、锅炉运行实训及技能鉴定

利用现有仿真条件,熟悉火力发电厂生产过程,熟悉火电厂 300MW、600 MW 仿真机组的屏幕画面,了解锅炉点火启动、运行参数调整操作方法,锅炉常见事故的判别与正确的处理方法。通过一周的锅炉运行的专项技能训练,参加职业技能鉴定

7.2.1.20　汽轮机运行、汽轮机运行实训及技能鉴定

利用现有仿真条件,熟悉火力发电厂生产过程,熟悉火电厂 300MW、600 MW 仿真机组的屏幕画面,了解汽轮机暖机、冲转、并网等运行调整操作方法,汽轮机常见事故的判别与正确的处理方法,通过一周的汽轮机运行的专项技能训练,参加职业技能鉴定。

7.2.2　主要实训环节的内容如下:

7.2.2.1　入学教育、军训国防教育

新生熟悉新环境,开展入学教育、接受军训和国防教育。

7.2.2.2　应用电工技能实训

通过一周实训,学会常用电工电子仪器仪表使用方法、掌握电工配线工艺,绕制工艺,能根据电路图安装、调试一个简单电工电路。

7.2.2.3　职业认知实习

通过参加火电厂认知实习,使学生了解电厂生产过程、电厂热力设备的外形、位置和作用,为后续专业理论教学增加感性认识。

7.2.2.4　零部件测绘实训

7.2.2.5　焊接基本技能实训

通过焊接基本工艺讲授和实习,使学生基本掌握火电厂热力设备检修和安装过程中对焊接操作工艺、技能和规范。

7.2.2.6　钳工基本技能实训

通过钳工工艺讲授和实习,使学生初步掌握刮削、研磨等基本钳工知识、量具的名称规格和使用维护方法,学会画线、锉削、锯割、钻孔、攻丝等基本钳工操作。通过对装配件的拆卸、组装,全面了解装配件的工作原理、用途、构造和零件的主要结构、形状,弄清各零件之间的相对位置和装配连接关系。用 CAD 进

行部分零件的图样绘制。

7.2.2.7　专业运检实训

岗位实习是综合应用所学理论知识和技能在实际生产岗位上对学生进行基本能力训练的重要环节，培养学生从事火电厂生产运行所必需的基本技能和实践操作能力；培养学生理论联系实际、从实际出发分析问题和解决问题的能力；培养学生安全文明生产、刻苦钻研技术、严守纪律和团结协作的职业道德。

7.2.2.8　锅炉、汽轮机仿真操控运行实训

通过仿真集控运行操作，使学生熟悉热力设备数控系统的基本构成、作用、基本操作规范，通过典型工作过程的仿真操控，使学生对热力设备运行和实际工作情境有一更为贴近实际的体会。通过仿真机实训操作，教学做一体化的教学设计，课程内容主要包括单元制机组的启停，运行调整，负荷协调控制，顺序控制，联锁保护与事故处理以及计算机分散控制系统等

7.2.2.9　毕业综合实训

毕业综合实践是综合应用所学理论知识和技能，按照培养目标的要求，对学生进行基本能力训练的重要环节。毕业实践将毕业实习、毕业设计及试岗三者合一。毕业设计题目应尽可能结合生产实际，具有典型性、实用性与可行性，可选择从事的工作岗位进行热力设备的运行或检修某一方向选题。注重培养学生独立思考、分析、解决问题的工作能力。

7.2.3　综合素质课程的内容如下：

7.2.3.1　大学生就业指导

通过开设讲座形式帮助学生树立良好的就业观，正确认识自己、了解社会、企业，对自己进行准确的职业定位，重视与职业定位相关的职业素质、技能培养。另外对学生进行求职技能培训并适时提供相关求职信息的，在毕业生的求职、签约、离校等方面做好服务和教育工作。

7.2.3.2　大学生安全教育

在大学生中开展安全教育是为了增强大学生安全意识和法制观念，提高防范能力，培养大学生在紧急状况下的避险和自救能力。通过教学，教育大学生保持健康心理状态，克服各种因素造成的心理障碍，把事故消除在萌芽状态。

7.2.3.3　古典文学欣赏

通过阅读和欣赏经典的中国、外国的文学作品，领会古代文学作品中的哲学思辨、人文情怀，鉴赏作品的艺术想象力、艺术表达方式；加强人文素质教育，培养审美欣赏和审美创造的能力，培养高尚的品位、人格和人生价值观，促进全面发展。

7.2.3.4 音乐知识与鉴赏

本课程的主要任务是向学生介绍基本乐理知识和必备的音乐欣赏知识，同时精选了多首中外经典名曲，对其作细致的介绍和分析。本课程的教学目的在于通过教与学，帮助学生掌握基本的乐理知识，提高学生的音乐欣赏水平，使之懂乐理，会视唱，会欣赏，全面提高大学生的音乐欣赏和实践能力。

7.2.3.5 美学与艺术鉴赏

结合对美术作品的欣赏评析，了解美术发展史，培养学生健康的审美情趣和审美能力，开拓学生的艺术视野，陶冶道德情操，促进德、智、体、美的全面发展，逐步树立正确、高尚的人生观和审美观，提高思想道德素质和文化素质，进一步提高爱国主义热情和民族自信心。培养学生具备基本的美学知识，提高学生的审美鉴赏能力和审美塑造能力。本课程重视美学、美育理论向审美实践与审美教育实践能力的转化，注意理论与实践的结合。

7.2.3.6 公共关系

本课程讲授公共关系的要素，公众关系的协调，组织 CIS 的制订。

7.2.3.7 应用文写作

7.2.3.8 心理健康教育

7.2.4 岗位职业能力和拓展能力课程的内容如下：

7.2.4.1 燃运设备运行与维护

通过对燃料输运系统设备介绍，了解和掌握燃料输运系统设备的工作特性与关联，进而培养学生对燃运系统运行维护流程、规范和技能有一基本掌握。

7.2.4.2 化学水处理设备与运行

化学水处理设备的工作原理及系统，电力用油质量标准及运行维护，电厂用煤的分析和监督，汽水品质的监督及优化处理，热力设备的腐蚀及防腐。电厂运行对环境的影响及环境保护。

7.2.4.3 除灰、脱硫设备的运行与维护

介绍了我国目前主要的二氧化硫控制技术，重点要求掌握目前应用最普遍的二氧化硫控制技术——石灰石湿法烟气脱硫技术，讲述了工艺系统、设备和材料等各个方面，论述了石灰石湿法烟气脱硫系统的调试验收、日常运行与维护和对发电机组运行情况的影响。

7.2.4.4 计算机程序语言应用基础

介绍程序设计初步知识，掌握程序设计的基本步骤，能采取正确的方法进行程序设计，能阅读较简单的程序。

7.2.4.5 专业信息检索

学习和介绍科技信息检索的基础知识、基本理论和信息检索的专业知识、

方法与原理,使学生掌握手工检索和计算机检索的方法和技巧。

7.2.4.6　火电厂起重与安装技术

包括识读一般施工图纸等技术资料,起重工具、索具、机具的准备和使用,起重基本操作方法,使用起重机具吊装设备的方法,配合吊车吊装设备和构件的方法,设备和构件的装卸和运输等。

7.2.4.7　专业英语应用

是使学生能阅读英文专业文章,能熟记常用专业词汇,能进行简单的现场对话,能借助词典进行专业文章的翻译与英文写作。

7.2.4.8　新能源技术与发展

介绍技术上已经开发但尚未大规模使用,或正在研究试验,尚需进一步开发的能源。新能源包括潮汐能,波浪能,海流能,风能,地热能,生物能,氢能,核聚变能等。新能源技术的发展,可以使人类面临能源枯竭的问题得到解决,在军事上大量使用能源也有所保证.

7.2.4.9　火电厂工程安装概预算

附表一

教学进程安排表

课程模块	选修方式	课程名称	学分	总学时	实践课时	年级/学期/课时数									
						一年级				二年级				三年级	
						1/18	2/14	3/6	暑假一	4/17	5/17	6/6	暑假二	7/14	8/16
综合素质模块	必修	思想道德修养与法律基础	3	48		48									
	必修	毛泽东思想和中国特色社会主义理论体系概论	4	64			64								
	必修	体育与健康	4	64	48	32						16		16	
	必修	英语知识应用	3	50		50									
	必修	工程数学应用	4	64		64									
	必修	计算机知识与应用	3	48	24	48									
	必修	岗位安全与职业道德	1	16			8					8			
	必修	大学生就业指导	2	32		6	6			6	6			8	
	限选	专业数学应用	2	32							32				
	必修	心理健康教育	1	24		12								12	
	任选	应用文写作	1	16										16	
		音乐知识与鉴赏	1	16										16	
		古典文学欣赏	1	16										16	
		美学与艺术鉴赏	1	16										16	
		公共关系	1	16										16	
	小计		30	490	72	260	78			6	38	24		68	
	必修	入学教育、军训国防教育	2	2W	2W	2W									
	必修	形式与政策（毕业顶岗教育）	1	16										16	
	小计		3	60	44	44								16	

课程模块	选修方式	课程名称		学分	总学时	实践课时	年级/学期/课时数									
							一年级			暑假一	二年级			暑假二	三年级	
							1/18	2/14	3/6		4/17	5/17	6/6		7/14	8/16
专业知识与应用能力	必修	机械基础技能	机械制图与CAD（一体化课程）	4	68	20	68									
			零部件测绘实训	1	1W	1W		1W								
	必修	热工知识与应用		5	72	6		72								
	必修	工程流体力学知识应用		3	48	4		48								
	必修	应用电工	专业电工学应用	4	64			64								
			应用电工技能实训	1	1W	1W			1W							
	必修	电厂金属材料知识与应用		2	32	4					32					
	小计			20	338	80	68	206	22		32					
	必修	职业认知实习		2	2W	2W		1W	1W							
	必修	钳工基本技能实训		1	1W	1W			1W							
	必修	焊接基本技能实训		1	1W	1W			1W							
	必修	热力设备系统与结构认识实习		2	2W	2W			2W							
	小计			6	132	132		22	110							

课程模块	选修方式	课程名称		学分	总学时	实践课时	年级/学期/课时数									
							一年级			暑假一	二年级			暑假二	三年级	
							1/18	2/14	3/6		4/17	5/17	6/6		7/14	8/16
岗位知识能力模块	必修	锅炉设备与运行	火电厂锅炉知识与应用	4	64	4					64					
			锅炉运行与操作技能（一体化课程）	4	64	32						64				
	必修	汽轮机设备与运行	火电厂汽轮机知识与应用	4	64	4					64					
			汽轮机运行与操作技能（一体化课程）	4	64	32						64				
	必修	流体机械	泵与风机知识与应用	2	32	4					32					
			水泵管阀检修实训	2	2W	2W					2W					
	必修	热力设备检修工艺	热力设备检修工艺知识与应用（一体化课程）	4	64	24					64					
	必修	热工仪表与控制?	热工仪表信号检测与处理	3	48	4					48					
			热力过程自动控制知识与应用?	2	36	4						36				
	必修	发电厂热力系统与辅助设备	发电厂热力系统与辅助设备及火电厂辅助系统仿真运行（一体化课程）	4	64	20						64				
	小计			35	544	172					316	222				
	必修	专业运检实习		4	4W	4W							4W			
	限选	专业中级维修工考证		2	2W	2W									2W	
		专业中级运行工考证			2W											
	必修	锅炉、汽轮机仿真运行操控实训		4	4W	4W						2W	2W			
	必修	毕业岗位综合实训		16	16W	16W										16W
	小计			26	572	572						44	132			352

课程模块	选修方式	课程名称	学分	总学时	实践课时	年级/学期/课时数							
						1/18	2/14	3/6	4/17	5/17	6/6	7/14	8/16
												32	
专业拓展能力模块	限选	化学水处理设备与运行	2	32								32	
		除灰、脱硫设备运行与维护	2	32	16							32	
	限选	燃运设备运行与维护	2	32								32	
		专业应用英语	2	30								30	
		计算机程序语言知识与应用	2	32	6							32	
	任选	新能源技术与发展	1	16								16	
		火电厂起重与安装技术	2	32	4							32	
		火电厂工程安装概预算	2	32	4							32	
		专业信息检索	1	16								16	
	小计		7	112	30							112	
	周课时					21.86	23.81		**22**	**15.86**		**16.4**	
合计（总学分、总学时）			124	2248	1178	372	306	132	354	280	156（体育与岗前教育）	180	352

说明：1.实训、实习环节按每周22学时计(留出6学时自主学习时间，进行相关实训环节的总结与反思、提高)；

2.职业基础能力和岗位能力除技能实训与实习均为考试课，考试改为按典型工作过程为单元进行，包括理论、实践考试、报告综述，考试形式不再采用单一的期末理论考试方式；

3.综合素质限选课应修满3学分或二门课程，拓展能力限选课应修满4学分或二门课程；

4.综合素质任选课应修满2学分或二门课程，与拓展能力任选课应修满3学分或二门课程；

5.中级维修工和中级运行工考证与技能鉴定二选一。

附表二

教学周数分配表

学期	周数(课时)	考试	实训实习	军　训	周课时	学期小计
一	15(328)	1	0	2	21.86	18
二	11(262)	1	2		23.81	14
三			6			6
四	14(310)	1	2		22	17
五	14(222)	1	2		15.86	17
六	体育、安全(16＋8)		4＋2			6
七	11(180)	1	2		16.4	14
八			16			16
总计	65	5	36	2		108

附表三

电厂热能动力装置专业技能鉴定工种与考核内容

序号	鉴定种类	理论课程	实训课程	鉴定时间
通用种类	英语等级证书	英语		第二学期 B级证书
	钳工等级证书		钳工实习	第四学期
	AutoCAD绘图员	机械制图与AutoCAD		第二或第四学期
专业岗位工种	锅炉运行值班员	热工知识与应用	锅炉运行实训及技能鉴定	第七学期
		锅炉运行与操作技能		
		火电厂锅炉知识与应用		
	汽轮机运行值班员	发电厂热力系统与辅助设备	汽轮机运行实训 及技能鉴定	
		汽轮机运行与操作技能		
		火电厂汽轮机知识与应用		
	水泵检修工	机械设计与制作	热力设备检修工艺	第七学期
		泵与风机知识与应用		
		机械制图与AutoCAD		

8 教学计划的说明

(1)采用学分制管理模式,学生需至少获得127学分方可毕业。学生在前7学期完成岗位职业能力课程的学习,在第8学期完成毕业岗位综合实训、就业指导。

(2)如果在招生后实行明确的就业方向,届时培养方案可以根据委托培养单位要求进行调整。

(3)专业工种技能鉴定理论课程和实训课程安排如前附表三,平时结业成绩作为技能鉴定成绩一部分,毕业前由学生自愿选择工种参加技能部分的鉴定考试。

(4)专业岗位技能学习领域的课程要求必须体现基于实际工作过程情境的教学设计,设计反映认知和工作过程的学习情景,以实际典型工作任务为载体,进行基于典型工作过程的课程开发

后　记

自2003年成立安徽电气工程职业技术学院以来，学校领导和教师始终瞄准职业教育与企业生产对接的办学理念，通过十年的建设和改革，特别是2010年被教育部、财政部立项成为首批国家示范(骨干)高职院校建设单位以来，贯彻教育部提出的职业教育"五个对接"要求，切实推进学院教育教学改革、开拓、创新、发展的进程。为了总结专业建设成果，梳理专业建设思路，学院在主管单位领导的指导和关注下，在合作企业的大力支持下，选择较为成熟的专业建设文件，形成了《专业建设标准》丛书。丛书是学院示范(骨干)建设的重要成果之一。

丛书所涉及的专业建设标准包括专业教学标准、主要核心课程标准、典型实训基地(室)建设标准和学院执行的人才培养方案等，依据专业所面向岗位的相关行业企业的典型工作标准、管理标准和技术标准制定。同时参照专业对应工种的《中华人民共和国职业技能鉴定规范》制定考核标准。我们尝试通过将各种标准引入专业建设标准之中，使得职业教育和企业生产有了实质性的"锚接点"，实现引领学生正确的职业观念，培养学生正确的职业意识，初步了解企业的组织架构和管理模式，知道企业的管理手段和管理要求。

在本书编写过程中，安徽电气工程职业技术学院院长陈祥明先生给予极大鞭策和支持，提出方向性和指导性意见，并为本书作序。教学文件由黄蔚雯、周柏松最终审定。

要感谢合肥工业大学出版社给予大力协助，要感谢学院参加编写人员付出的艰辛劳动，更要感谢所有参与编写出版工作的教职员工为学院发展做出的贡献。

编　者